W0324147

Jenner Zimmermann

Indien

Jenner Zimmermann

Indien

Jenner Zimmermann

Indien

Das Licht der Weisheit und die Farben des Lebens

Mit einem Vorwort von Sudhir Kakar

Gerstenberg Verlag

Inhalt

Am Ufer des Yamuna in Vrindavan

Vorwort

Mit seinen Photographien gelingt es Jenner Zimmermann, die Lebendigkeit Indiens facettenreich einzufangen. ›Das Licht der Weisheit und die Farben des Lebens‹ ist ein Brückenschlag zwischen den verschiedenen Welten und Zeiten, die in Indien kontrastreich nebeneinander existieren – ja geradezu in- und miteinander verwoben sind. Thomas Mann beschreibt in seiner Indien-Erzählung ›Die vertauschten Köpfe‹ die Gemälde und Skulpturen eines hinduistischen Tempels als ein allumfassendes labyrinthisches Fließen des Tierischen, Menschlichen und Göttlichen, in dem sich Sichtweisen der realen Welt miteinander vermischen und gegenseitig durchdringen. Manns Beobachtung hat nicht nur für die künstlerische Gestaltung von Tempelwänden Gültigkeit, sondern ist geradezu ein Synonym der visuellen Dichte und Vielfalt Indiens, die in ihrer Komplexität und Sinnlichkeit für die photographische Linse stets eine große Herausforderung darstellen.

In seiner Auseinandersetzung mit den indischen Religionen und dem Alltagsleben sind die auf vielen Reisen entstandenen Bilder Jenner Zimmermanns weniger Momentaufnahmen als vielmehr ein lebendiger Strom, mit dem er das Verborgene des indischen Lebens in seiner Vitalität und Widersprüchlichkeit aufzuspüren sucht. Mit großer Empfindsamkeit und Liebe zum Detail wird in den Aufnahmen dabei stets der Bezug des Menschen zu seinem unmittelbaren Umfeld betont. Das Buch widmet sich der gelebten Religiosität mit ihren farbenfrohen Festen und Göttern, der städtischen Schnelllebigkeit in ihrer beängstigenden Dichte menschlichen Zusammenlebens und den wechselnden Landschaften des indischen Subkontinents mit ihren regionalen Eigenheiten.

Wie man die Welt sieht, wohin man schaut und was mit dem suchenden Auge ein- oder ausgeblendet wird, ist stets ein Zusammenspiel innerer und äußerer Bilder und Landschaften. Jenner Zimmermanns Aufnahmen sind in ihrer Konzentriertheit ein zutiefst persönlicher Zugang zu Indien, mit dem er uns auffordert, Alltag und Kultur, religiöses Leben und menschliche Beziehungen aus neuen Perspektiven zu betrachten.

Sudhir Kakar

Einleitung

Während meiner Schulzeit, Mitte der 1960er-Jahre, erlebte ich einen Dia-Vortrag von Heinrich Harrer über Tibet, der mich ebenso berührte wie faszinierte. Seither träumte ich davon dorthin zu reisen. Die Indienwelle der Popkultur der 60er- und 70er-Jahre sowie einige Freunde, die von Ladakh in Nordindien, das auch Klein-Tibet genannt wird, zurückgekehrt waren und davon schwärmten, bewirkten das Übrige. So landete ich eines schönen Maitages 1978 in Delhi, gut ausgerüstet für eine Himalaya-Tour. Indien begrüßte mich mit 49 Grad Celsius im Schatten.

Damals arbeitete ich als junger Werbephotograph im Studio, andererseits machte ich persönlich motivierte Photographien. Beiden Richtungen war gemeinsam, dass ich die Bilder inszenierte. Ich spürte aber, dass bei dieser Art von Aufnahmen viele mir wesentliche Dinge nicht zum Ausdruck kommen, und stellte mir daher oft die Frage nach dem Sinn meines Tuns. Nach Indien bin ich zunächst ohne Ziel vor Augen und auch ohne Auftrag gereist, offen, vielleicht mit dem Wunsch, mich neu zu orientieren.

Das gelang freilich nicht sofort. Nach den ersten zwei Wochen wollte ich nur zurück nach Deutschland; ich wehrte mich, fühlte mich am falschen Ort. Die ersten Eindrücke waren sehr fremd und verwirrend. Ich hielt durch, und nach einem Monat war an Rückkehr nicht mehr zu denken. Nach einiger Zeit gefiel mir das bunte Treiben Indiens, und ich begann, mich bis zu einem gewissen Grad mit meiner neuen Umgebung zu identifizieren, sie zu erforschen. Jetzt fing ich an zu photographieren: mit einem Minimum an Ausrüstung, nur angetrieben von der Lust, Notizen oder kleine Essays über Geschehnisse und Menschen in Form von Bildern festzuhalten. So wurde aus den ursprünglich geplanten zwei Monaten unterwegs ein halbes Jahr.

Mit der Kamera vor Ort war jeder Tag neu und anders. Um die Menschen zu photographieren, musste ich viel Geduld aufbringen – und natürlich die ganze Palette photographischen ›Werkzeugs‹. Etwa zur richtigen Zeit am richtigen Ort zu sein, sich über Stunden in volle Aufnahmebereitschaft zu versetzen, immer wieder Lichtqualität, Standpunkt und Blickwinkel zu variieren, blitzschnell technisches und ästhetisches Know-how mit dem Sinn für das Wesentliche abzugleichen. Äußerste Konzentration war notwendig. Manchmal verfiel ich beim Photographieren wie in Trance, in einen Sog vertikalen Zeitgeschehens, erlebte eine Erhöhung des Augenblicks, eine Dehnung des Zeitempfindens. Diese Betonung auf den Moment ist eine besondere Qualität des Mediums Photographie und hat mich gelehrt, komplexe Vorgänge vor meinen Augen geschärft zu sehen und zu reflektieren.

Über die Arbeit mit der Kamera kann man Beziehungen ohne Worte aufbauen: indem man z.B. seiner Intuition vertraut, Schweigen respektiert und Atmosphäre nachspürt, Spielerisches aber auch Gespiegeltes initiiert oder zulässt; dieser Kontakt beteiligt die ganze Person. Viel Psychologie ist da am Werk, und ich habe oft erlebt, dass beide, Photograph und Photographierter, zufrieden auseinander gehen, weil für Augenblicke eine besondere Nähe, ein Gefühl des Verstehens ohne verbale Kommunikation, entstanden ist.

Egal, ob im Slum oder im Maharadja-Palast – es ist wichtig, sich auf jede Kultur- und Gesellschaftsgruppe ganz individuell und immer wieder neu einzustellen. Dies hat mir geholfen, an vielen Orten Zugang zum privaten Indien zu finden, sodass ich mich nie einsam gefühlt habe, obwohl ich die lokalen Sprachen Indiens nicht sprechen konnte und meist alleine gereist bin.

Je besser ich Indien kennenlernte, umso stärker empfand ich die Notwendigkeit, die religiös-philosophischen und sozialen Zusammenhänge zu erklären,

ohne die das Land Außenstehenden unverständlich bleibt. Eines meiner früheren Bücher habe ich daher den Heiligen Indiens und der Spiritualität gewidmet. Und auch in diesem Band nehmen die beiden Bereiche, sowohl im Bild als auch im Text, einen großen Raum ein.

Mit diesem Buch versuche ich eine Art Gesamtdarstellung Indiens, die auch Erlebnisse wie im tibetischen Exilkloster Ganden in Südindien und Straßenszenen in Nepal mit einbezieht.

Ich konnte auf meinen Reisen immer wieder mit beeindruckenden Sehern und Heilern sprechen. Mit ihren manchmal einzigartigen visionären Aussagen beginnen die Texte dieses Buches. Darauf folgen fünf Beschreibungen von Festen und schließlich eine Darstellung der wichtigsten indischen Religionen. Dieses Buch ist das Resultat dreier Jahre intensiver Aufarbeitung meiner jahrzehntelangen Auseinandersetzung mit Indien und zugleich der Versuch, mein Indienerlebnis in kondensierter Form darzustellen, Inspiration mit Information zu vermitteln. Es ist vor allem eine Hommage an ein Indien, das manche vielleicht als das zurückweichende, alte Indien sehen werden.

Die Begegnung mit diesem Land hat mich verändert, hat mich bescheidener, froher, auch offener für andere Denkweisen gemacht. Indien ist ein wichtiger Teil meiner geistigen Heimat geworden, hat ganz wesentlich die Distanz zwischen mir und meinen Mitmenschen verringert.

In Indien liegt die ganze Süße und Bitterkeit unserer Existenz offen zutage. Es ist wahrhaftig und schon deshalb anziehend. Es ist ein sehr emotionales Land. Darüber hinaus weist es einen alten, geheimnisvollen Weg ins Unbekannte, in die Transzendenz, birgt ein Versprechen, das mich immer wieder neugierig gemacht hat. Man muss nur der klassischen indischen Musik zuhören, um den Zauber dieser Welten zu spüren. Die Wärme der Menschen im Kontakt, die Eleganz und Würde ihrer Kultur, die großen Widersprüche – dieser eigentümlichen Mischung aus Verspieltheit und Ernst bin ich verfallen. Ich spüre dort eine große lyrische Kraft, die ich nirgendwo anders finden konnte.

Hätte ich in Indien auch auf Dauer leben können? Die freie, selbstbestimmte Lebensart, die mir wichtig ist, hätte ich in Indien nur schwer verwirklichen können. Zumal mir das feuchtheiße Klima doch zu schaffen machen würde. Und nicht zuletzt wäre eine publizistische Arbeit dort deutlich komplizierter.

Zwar sagt ein Spruch, dass, wer Indien kennenlernen will, drei Leben braucht. Aber wenn ein Reisender ausreichend Zeit mitbringt, das Land auf sich wirken zu lassen, auch außerhalb der Städte, der kann Erfahrungen, wie ich sie gemacht habe, dort ebenfalls machen. Wer allerdings im Schnelldurchlauf die Highlights abhakt, den wird das im tatsächlichen wie übertragenen Sinne unvergleichliche Licht Indiens bestenfalls streifen.

Jenner Zimmermann, im Sommer 2008

Tempelanlage Kusum Sarovar
bei Vrindavan

Feste, Mythen, Götter und Asketen

Indische Asketen

Baba Bhutnat beim Sandbad, einer Yogadisziplin

Baba Bhutnat, Asket, Heiler und Visionär aus Lucknow, im Gespräch am 13. Dezember 1984 (Auszug)

› *Was ist Ihre Botschaft an die Welt?*

Meine Botschaft an die Welt ist: Sei aktiv. Begib dich nicht in Meditation oder schließe dich einer Religion an, die dich untätig macht. Dieser Planet Erde ist dazu da, um etwas zu vollbringen, andauernd; schaffe ein *Karma*. Denn du wolltest geboren werden, um etwas zu schaffen.

Sich abzusondern, außerhalb der Gemeinschaft zu leben, sich gar von der Welt zurückzuziehen, sich in eine Höhle einzusperren, eine Zuflucht zu suchen in einer Gemeinschaft außerhalb und nur einfach untätig in der Welt zu werden, ist nicht das Richtige.

Alle Religionen sind gleich, ob man nun Hindu, Muslim oder Christ ist. Dies sind alles vom Menschen gemachte künstliche Unterscheidungen, die Gott und die Göttin nicht machen. Die Religion ist das Wichtigste. Du sollst nie deine Religion verlassen, wo immer du auch hingehst und in welchem Teil der Welt du auch immer lebst. Du sollst immer deinem *Dharma* (deiner religiösen Pflicht) treu bleiben.

Die *Bhagavad-Gita* sagt uns, dass, mit welcher Religion wir auch aufgewachsen sind und in welchem Land wir auch leben, es unsere Pflicht ist, tätig zu sein. Aber die Auswirkungen unseres *Karmas* sind von vielen Faktoren bestimmt. Manchmal bekommt man die Früchte des *Karmas* sofort, manchmal sehr spät; man sät etwas heute und du bekommst die Ergebnisse erst nach vielen Jahren. Du kannst nicht erwarten, dass du die Früchte deines Handelns sofort bekommst. Aber einen Samen in den Boden zu setzen, etwas zu pflanzen, das ist dein *Karma*: Wenn es zu einem Baum wächst, wird es schon Früchte tragen. Man kann aber darüber nichts vorhersagen, es ist in göttlicher Hand. Jeder kann aber überall dem Gesetz Folge leisten, dass du deine Pflicht erfüllen musst.

Du sollst ehrlich und ernsthaft sein und tun, was man von dir erwartet, welcher Art von Arbeit du auch nachgehst. Es ist egal, welche Arbeit du tust, nicht jeder sollte versuchen, ein Priester oder Heiliger zu sein; jeder muss sein eigenes *Karma* finden.

Ein Schuster soll ein Schuster bleiben, das ist sein Schicksalsweg, ein Bäcker ein Bäcker, ein Künstler ein Künstler und ein heiliger Mann ein Heiliger, sie haben alle ihr *Karma*. All diese Dinge unterscheiden sich von Person zu Person. Es sollte nicht jeder mehreres oder alles sein wollen. Die Tätigkeiten bringen dir Freude und Befriedigung. Die Religion weist dich an, deine Pflicht zu tun; kümmere dich nicht um die Ergebnisse, wo immer du auch bist.

Die Menschen sind heute sehr schnell enttäuscht. Weil alles Wünschenswerte überall und schnell verfügbar ist und man es einfach kaufen kann. Wenn die

Humor und Weisheit: Baba Bhutnats spielerisch-kreative Haarpracht aus schwarzer Henna-Paste zusammen mit seinem Hinweis auf die göttliche Allgegenwart

Leute merken, dass etwas schwierig zu erreichen ist, und sie es nicht sofort haben können, fühlen sie sich schnell enttäuscht, und es entsteht viel Leid und Schmerz.

Man sollte sich dessen erinnern, dass, wenn man handelt, aber es keine Früchte bringt, man bestimmte Schulden aus einem früheren Leben hat und diese noch zurückzahlen muss. Sobald sie beglichen sind, sammelt sich Kapital an, es bringt Zinsen, und die Früchte des Handelns werden sichtbar. Manchmal arbeiten die Menschen sehr hart, aber es zeigen sich keine Ergebnisse. Die einfache Erklärung ist, dass noch Schulden aus einem früheren Leben beglichen werden müssen und sich daher noch nichts ansammeln konnte.

Man soll aber auf keinen Fall aufhören, tätig zu sein, auch wenn nichts kommt. Sonst hört einfach alles auf, und es wird nichts für die Zukunft geschaffen.

Der zweite Teil dieser Botschaft ist, dass wir uns darüber klar sein sollen, dass unser *Karma* sich nicht nur auf einer Ebene auswirkt, sondern vielschichtig. Ein Ereignis wirkt sich stets auf mehreren Ebenen gleichzeitig aus. Was immer wir auch tun, z. B. unseren Haushalt führen, für unsere Familie verantwortlich sein, uns um die Organisation unserer Lebensumstände zu kümmern – all dies ist eine Ebene. Aber was wir für unsere Zukunft tun, für unsere geistig-seelische Entwicklung, für unser religiöses Leben, ist eine zusätzliche Ebene. Wir müssen eine Synthese zwischen diesen beiden Ebenen finden. Wir können nicht nur einseitig arbeiten und dann aufhören, also z. B. wie Politiker eine Nation anführen und es dabei belassen. Wir sollten die andere Seite unseres Ich, die spirituelle Seite, mit einbringen. Beide Seiten müssen integriert werden und in Balance sein.

links Der 86-jährige Baba Bhutnat im Gespräch
rechts Yogaübung im Garten des Ashrams

Weiterhin sollten sich Menschen nicht mit Schuldgefühlen belasten, bezüglich Handlungen, die falsch gelaufen sind. Außer wenn man kriminell wird, bedeutet das Wort Sünde gar nichts, es ist nur ein Wort ohne wirkliche Bedeutung. Wie man auch gehandelt hat, es passierte zu einer bestimmten Zeit und in der Art, wie es sich eben zutrug, man kann es nachträglich nicht mehr ungeschehen machen. Also warum soll man nun seine Zeit damit verbringen, es ständig zu beklagen und zu bejammern. Man muss sich verbessern und es nicht wiederholen. Und wenn es noch einmal passiert, verbessere es wieder und wiederhole es nicht. Solange man die Möglichkeit dazu hat, sollte man genau dies und nichts anderes tun. Es hat keinen Sinn, sich Schuldkomplexe aufzuladen. Die Menschen machen Fehler, so ist es nun einmal.

Jedem wird eine Anzahl Fehler zugestanden. Du bist ja kein Gott oder Heiliger. Wenn es mehr Fehler werden, als dir zustehen, dann musst du dir Gedanken machen. Beschränke deine Fehler. Aber wenn du überhaupt aufhörst zu handeln, nur darüber nachdenkst, das ist *Akarman*, Nichthandeln, und das ist wirklich schlecht. Es ist wichtig und prinzipiell richtig, immer aktiv zu bleiben.

Wir leben im Reich der sinnlichen Erfahrungen, *Bhoga bhumi*, der sinnlichen Freude. Manchmal treiben wir in eine Richtung, die man allgemein als Sünde bezeichnet. Zu viel von irgendetwas ist nicht gut, wie eben zu viel Süßigkeiten Probleme nach sich ziehen können. Aber deshalb ist es nicht grundsätzlich falsch, es sind einfach Erfahrungen mit *Bhoga bhumi*. In diesem Bereich gibt es ›bhab‹ und ›bhun‹, welches einerseits Sünde, andererseits gute Taten, Tugenden, bedeutet. Es sind die zwei verschiedenen Seiten des *Karmas*, des Handelns. Es passiert auch viel Gutes, warum also immer das Schlechte herbeidenken oder vergrößern?

Wir sollen uns um gute Beziehungen zu unserer Gesellschaft bemühen, zu unserer Familie, den Leuten, mit denen wir zu tun haben, zu unserem Volk. Wir sollen das Leben genießen und glücklich sein. Dann werden die Leute erfolgreich sein und Divine Mother (Göttliche Mutter, gemeint ist

Kamaksha) zufriedenstellen, denn sie hat die Welt erschaffen, damit jeder Glück und Freude erfährt.

Wenn du dich nach Seelenfrieden sehnst, dann musst du dich an der Python-Schlange orientieren, sie lebt im Seelenfrieden. Du musst werden wie sie, denn eine andere Art von Seelenfrieden gibt es nicht. Menschen mit konstruktiver Einstellung, Leute, die kreativ sind, können nicht untätig sein, sie müssen arbeiten. Wer an das Gesetz des *Karmas* glaubt, wird nie verstummen, nie untätig sein, er wird beständig etwas für das Wohl der Menschheit schaffen.

Es ist nicht so, dass der Friede in der Außenwelt für den inneren Frieden im Menschen notwendig wäre. Es ist der innere Friede, der den äußeren hervorbringt. Diejenigen, die glauben, dass die äußere Welt eine Ablenkung ist, die stört, und die sich daher abwenden wollen, liegen falsch. Man muss den inneren Frieden herstellen, und dann wird man auch überall in Frieden leben. An Divine Mother zu glauben, beständig aktiv zu sein und zu handeln, sich Fehler verzeihen und versuchen sie zu bessern, erbringt uns Inspiration und Lebensfreude.

Durch die Aktivität Einzelner werden auch wieder andere aktiv. Handeln bringt eine Kettenreaktion hervor. Wenn das Nichthandeln eintritt, bricht die ganze Kette auseinander. Jeder ist verbunden, alle Teile sind aneinandergereiht. Die Gesellschaft ist wie ein lebendiger Organismus, und alle sollten tätig sein, wir sollten nicht anhalten und uns von Tätigkeit enthalten. Wenn jemand untätig wird, kann er sich ja nicht einmal selbst helfen.

Die Leute reden immer von Frieden, aber ich sage: Es ist falsch.

Deswegen mögen mich die anderen Asketen und Heiligen nicht: Sie reden vom Frieden, aber ich bin aktiv, heile andere Menschen, vollbringe nützliche Dinge. Aus diesem Grund habe ich meinen Ashram auch nicht an einem der vielen heiligen Orte Indiens aufgebaut. Ich habe ihn an einem Platz errichtet, der voller Atheisten war, wo keiner an irgendwas glaubte. Hier war nur Wald. Ich habe eine ganze Stadt gegründet. Und hier ist jetzt viel Aktivität zu sehen, und es wird gearbeitet.

Ich habe Gott an einen Platz gebracht, an dem niemand an Gott glaubte. Mein Ashram ist nicht in Varanasi oder Pondicherry, sondern hier in Lucknow. Er wurde mir von den Muslimen streitig gemacht; genau da habe ich ihn aber gegründet. Sie erklärten mir, dass ich hier nicht meine Rituale abhalten kann, nicht mein Muschelhorn blasen und meine Trommel spielen kann, hier sei nur Platz für Muslime.

Ich sagte ihnen, dass ich trotzdem bleiben werde. Darauf erwiderten sie, dass sie mich töten werden; ich habe mich nicht vor ihnen gefürchtet. Ich hielt meine kleine *Bhairava* (eine Shiva-Figur, die einen furchterregenden Aspekt des Gottes darstellt), sie hatten Kugeln. Ihre Kugeln taten mir nichts, meine *Bhairava* rettete mich. Sie kamen, sahen mich, schossen nicht und gingen wieder.

Nachdem mein Ashram gebaut war, kamen Stadtplaner hierher und kauften das umliegende Land, weil sie erkannten, dass man hier etwas entwickeln kann. Sie sahen ein Gebäude, planten darum eine Stadt, und nun steht hier eine ganze Stadt.

Die nächste Sache, die ich mitteilen will, ist, dass es, nach einer gewissen Zeit – in Indien wie auch außerhalb des Landes, überall auf der Welt – sehr viel Kriminalität geben wird. Millionen, Milliarden von Menschen werden sterben. Dies wird in einigen Jahren passieren. Um zu verhindern, was kommen wird, oder um es abzuschwächen, versuchen wir, die Tantriker, die an *Shakti*, die Mutter-Gottheit glauben, andauernd bestimmte Rituale zu praktizieren. Wir sind uns des Kommenden sehr bewusst, und wir wissen, dass es stattfinden wird, aber es sollte nicht in einer solch großen Dimension passieren. Da es aber passieren wird, versuchen wir, diese Kräfte abzuwehren und in eine andere Richtung zu lenken, sodass ein abgeschwächtes Unheil die Welt treffen möge.

Indien wird wie ein fremdes Land werden, und man wird Indien im Ausland finden. Die Städte Ayodhya und Vrindavan werden schon jetzt im Ausland aufgebaut, z. B. bauen Leute in den USA bereits ein neues Vrindavan auf, indem sie hiesige Kuppelbauten kaufen und dort aufstellen; sie nehmen Indien von hier mit und stellen Indien in ihrem Land auf.

Und Indien importiert Maschinen und Geräte aus dem Ausland und errichtet fremdartige Gebäude. Auf diese Weise wird Indien ein fremdes Land werden, und das Ausland wird Indien ähnlicher werden. Hier begehen die Menschen schlimme Dinge an heiligen Stätten, und dort tun sie Gutes an nicht geheiligten Orten.

Es gibt einen bestimmten Typ von Menschen im Ausland, die sich diesen Dingen widmen, sie sind kaum von Angst und Zweifel geplagt. In Indien dagegen leiden nun viele darunter, denn sie verlieren den Kontakt zu ihrer alten Tradition; sie fühlen sich vom Neuen angezogen. Sie befinden sich in einer Übergangsphase, wo sie einerseits den Glauben an ihre eigenen Traditionen verloren, andererseits das attraktive Neue noch nicht integriert haben.

Vor einiger Zeit war es so, dass Menschen aus Indien ins Ausland gingen und in den dortigen Menschen Zweifel und Ängste säten. Sie traten auf und erzählten den Ausländern, dass sie ihr Leben nicht auf die richtige Art und Weise führten, was natürlich zur Folge hatte, dass diese an sich zweifelten. Der wahre Hintergrund aber ist, dass sie Ängste und Zweifel in ihrem eigenen Land und ihrer eigenen Kultur verspürten, in Indien, und es auf das Ausland übertrugen. (Hier spricht Baba Bhutnat wohl die Guruwelle der 1960er-Jahre an. Anm. des Autors.)

Seit Inder dorthin gelangten, sind in ihnen die Zweifel an ihrer eigenen Kultur noch mehr angewachsen. Weil ihnen niemand den richtigen Weg zeigt. Sie gehen von einem Lehrer zum anderen, von einer Richtung zur anderen, und nichts verspricht das Richtige zu sein. Das hat sie stark verunsichert. Sie wissen nicht mehr, was sie tun, denken oder wem sie folgen sollen.

Die Menschen im Westen haben viel erforscht, und sie wissen sehr viel. Und das wird sich noch verstärken. Man wird es erleben, dass die wertvollsten Errungenschaften hier aus Uttar Pradesh, das große Wissen und die hervorragenden Dinge, die hier hervorgegangen sind, sich in Europa und Amerika wiederfinden werden. Nordindien, der Himalaya und Varanasi werden im Ausland zu finden sein, und Indien wird wie Amerika und Europa werden.

Die Technologie wird hier Einzug halten, und deren Technologie wird zu einem Endpunkt kommen. Der Westen kommt allmählich am Ende des Materialismus an und bewegt sich in Richtung Spiritualität. Dagegen haben die Inder mit der Technologie gerade erst angefangen, sie beginnen mit dem Materialismus, und das wird sich steigern und alles einnehmen; und sie werden nicht erkennen, welche Probleme die Technologie mit sich bringt. Wir alle werden diese Veränderungen erleben.

Zwar malen sich die Inder noch den *Tilak* (ein meistens roter Punkt) auf die Stirn und entzünden ihre *Chandam* (Räucherstäbchen), und sie werden auch noch ihre anderen Rituale zelebrieren, aber trotzdem ist ihr Denken von Materialismus erfüllt.

Also werden sie Materielles erhalten. Letztlich machst du das, was du denkst, dass du machen musst; und dann bekommst du eben genau das, nachdem du strebst.

› *Können Sie* Tantra *erklären?*

Eigentlich ist *Tantra* ein zu großes Thema, um es in diesem Rahmen zu erklären.

Es gibt zwei Dinge, *Tantra* und *Yantra*. Ein *Yantra* können wir herstellen, z. B. ein Bild, ein Symbol, eine Struktur. Ein *Yantra* ist eine Versinnbildlichung göttlicher Energie in irgendeiner metaphorischen Art. *Tantra* ist hingegen wie Telepathie. Die Regierung unterstützt in keiner Art und Weise die Erforschung von *Tantra*, deshalb entwickelt sich diese Wissenschaft nicht mehr. Deswegen kann dieses Wissen nicht weitervermittelt oder allgemein unterrichtet werden. Nur diejenigen, die *Sadhana* praktizieren (eine Läuterungs- und Reinigungsdisziplin), und die tantrischen *Sadakhs* (Übenden), sie wissen noch davon.

Über *Tantra* laufen einige unrichtige und irreführende Vorstellungen bei den Menschen um. Einige denken, es ist Schwarze Magie, andere, es habe nur mit Sex zu tun, wieder andere meinen, es hat mit Geistern, geheimnisvollen Kräften und Wundern zu tun. Wegen dieser weit verbreiteten Meinung war eine allgemeine Verbreitung und das Erlernen von *Tantra* nicht möglich, obwohl es im Grunde eine höchst wissenschaftliche und konkrete Art der Arbeit mit Lebensprinzipien darstellt.

Einige Leute glauben, dass das so genannte linkshändige *Tantra*, welches Fleisch- und Fischgenuss, Trinken von Wein, getrocknete Körner und sexuellen Verkehr verehrt, also die fünf Dinge, die mit ›M‹ anfangen, die *Pañca-makara*, wie es im *Tantra* heißt, dass dies die einzige Art des *Tantra* wäre. Das ist aber nicht richtig.

Ich habe beide Traditionen, den linkshändigen wie rechtshändigen *Tantra*, studiert. 30 Jahre lang war ich in Kamaksha, davor in Baridpur; aber nachdem ich ›divan‹, den linken Weg, erlebt habe, habe ich mich für den ›shakta‹, den rechtshändigen Weg, entschieden. Ich habe zwei Kalis (Göttinnen-Figuren, übersetzt: dunkle Mutter) in diesem Raum. Diese Kali hier ist vegetarisch, die linke hier ist *divan*, fleischessend. Aber ich gebe ihr nur vegetarisches Essen, und sie ist damit zufrieden.

Tantra ist eine Sache, die mit Physik, Chemie, Mathematik und allen anderen Naturwissenschaften zu tun hat. Die Physiologie des Körpers, Soziologie, Psychologie – *Tantra* reicht in all diese Bereiche hinein.

So sitze ich hier und kann Leute sehen, die ich in Amerika kenne, kann sehen, wie es ihnen geht und was sie machen. Ich kann sehen, ob es einer Person, mit der ich in Beziehung stehe, gut geht oder sie Probleme hat, und ich kann ihr von hier aus helfen.

Ich kann auch von hier aus heilen. Und wenn ich eine Nachricht versenden muss, kann ich sie Wort für Wort versenden. Aber die Wissenschaftler von heute trauen solchen Dingen nicht.

Denn das ist eine der Schwierigkeiten, dass es als eine Anstrengung, als unnötig schwierige Disziplin, gesehen und deshalb nicht anerkannt wird, nicht geglaubt und auch nicht verstanden wird. Wissenschaftler akzeptieren es nicht als Möglichkeit, und so können wir nicht zusammenarbeiten. Andernfalls könnten wir einige Experimente starten, und *Tantra* könnte sich entfalten.

Die Menschen machen alles mithilfe der Materie, wie z.B. Flugzeuge. Aber durch die Kraft eines *Mantra* (Klangformel) kann man dasselbe bewirken: Wir können Dinge fliegen lassen. Wenn sie es verstehen würden, könnten sie sich auch die Kraft des Klangs und des Super-Klangs zunutze machen. Aber sie verstehen auch das nicht.

Die Maschine ist mächtig – aber auch die Kraft des *Mantra*. Der Unterschied ist, dass die Kraft des *Mantra* nur von ein paar eingeweihten Leuten verwendet, die Maschine aber von jedem benutzt werden kann.

Man kann die Maschine auch so konstruieren, dass sie sehr schnell arbeitet, während die *Mantra*-Kraft nur in einem bestimmten Rhythmus funktioniert. Dies ist ein weiterer Unterschied.

Bei *Tantra* ist es notwendig, zuerst ein Dreieck herzustellen, weiterhin ist es notwendig, über die *Kriyas* (Yoga-Reinigungstechniken) Bescheid zu wissen. Wir stellen zunächst ein *Yantra* her, ein Dreieck als geometrische Struktur, und dann müssen wir über die *Asanas* (Yoga-Körperhaltungen) und *Pranayama* (Atemübungen) Bescheid wissen.

Nachdem wir uns damit vertraut gemacht haben, uns wohlfühlen, gereinigt und mental fokussiert sind, kreieren wir das *Yantra*, machen *Asanas* und *Pranayama*, meditieren und arbeiten anschließend mit Klängen. Entweder arbeiten wir mit den 16 Buchstaben, den Vokalen, oder mit allen 52 Buchstaben. Wir wissen, welcher Klang welchen Effekt hervorbringt, denn Klänge sind auch Elemente, und durch die Elemente ist alles geschaffen. So können wir also den gewünschten Effekt durch Töne erreichen.

Wer mehr darüber erfahren will, sollte das Buch von Vidyam Woodruff (auch John Woodruff oder Arthur Avalon) *Garland of Letters* (Die Girlande der Buchstaben) lesen, ein 200-seitiges Buch nur über *Mantra* und metrische Klänge.

Vom Klang, dem *Mantra*, kommen wir auf der nächsten Stufe zum Licht. Ab dieser Sphäre beginnen wir zu kommunizieren. Wir können uns in der Zeit bewegen, wir wissen was in der Zukunft passieren wird – durch die Arbeit mit den Klängen, Konzentration und Meditation. Wir wissen, was aus einer Person werden wird, wir kennen ihr Potenzial. Aber zuerst müssen wir uns selbst kennen. Wenn wir uns nicht selbst kennen, wie können wir andere verstehen?

Tantra ist also eine Mischung aus tantrischen Disziplinen und Wissenschaft. *Tantra* ist nicht nur eine bestimmte Art der Meditation, eine Art Hexerei, sondern eine Kombination aus Physik, praktischen Methoden und einem spirituellen Weg, um Materie aus der ätherischen Atmosphäre und der Umgebung zu kreieren, mit der wir nur über das *Mantra* kommunizieren können, den Ton. Und indem wir mit dem Ton die Atmosphäre beeinflussen, kommen wir zum Licht, und mit dem Licht beeinflussen wir die Umgebung und bekommen die gewünschte Wirkung.

Im naturwissenschaftlichen Weg stecken eigentlich mehr Schwierigkeiten, man muss mehr kämpfen, weil man nur mit einer Seite, der materiellen, arbeitet. Im *Tantra* geht es einfacher, weil beide Seiten, die materielle wie die spirituelle, beteiligt sind.

Während der Zeit des Herrschers Ashoka (3. Jhd. v. Chr.) wurde in Zentralasien eine große tantrische Konferenz abgehalten. Viele Teilnehmer aus Indien reisten hin, einige kamen an, andere starben unterwegs. Es war die einzige Konferenz, die es je für diese Wissenschaft gegeben hat. Danach fand nie mehr etwas Ähnliches statt. Drei der zurückgekehrten Teilnehmer beschlossen, sich in Kamaksha (Nordindien) niederzulassen. Diese drei Leute brachten Hunderte von Schülern und Meistern hervor, die dieses Geheimwissen fortan praktizier ten.

Mit der Kraft des *Tantra* reisten wir in den Himalaya und zu anderen Orten, ganz ohne Hindernisse. Einige Praktizierende leben auch heute. Man findet sie in bescheidenen Hütten und Ashrams; an ihren Wohnorten verbreiten sie eine gute Atmosphäre und arbeiten mit diesen Kräften. Sie helfen aber nur den einfachen Leuten, die zu ihnen kommen.

Tantra ist eine hochgeistige Angelegenheit; da es aber nicht weiter erforscht wird, ist die Sache in Vergessenheit geraten.

Kartari Baba aus Ayodhya, dem man nachsagt, er sei 150 Jahre alt. Auf seiner Stirn steht das Mantra *Ram-Sita-Ram*, das er beständig singt.

Baba Shri Pad empfängt Besucher in seiner Brij-Academy, Vrindavan. Hierher kam auch George Harrison, der Ex-Beatle.

Baba Santosh Das
aus Bareilly. *Santosh*
bedeutet Zufriedenheit.

Baba Dwarka Das aus Bareilly,
der Kleinkinder heilen kann

Baba Dev Giri in einem Teil des Alaknath-Tempels. Er ist um einen heiligen Baum gebaut, der aus der Grabstätte eines Heiligen herauswächst.

Der 117-jährige Baba Jai Ram Das, der als Junge Ringer werden wollte, aber Kräuterkundiger und Chiropraktiker wurde.

Mataji
Brot und Arbeit

Mataji ist viel beschäftigt. Erst bei unserem dritten Besuch in ihrem Ashram, zu dem wir uns durchgefragt hatten, konnten wir sie sprechen. Ihr Ashram liegt schön, an einem der vielen Flussarme des Ganges um Haridvar; sie hat ihn mit Spenden und staatlicher Hilfe gegründet. *Mata* heißt Mutter, das angehängte *ji* verstärkt die ehrfurchtsvolle Anrede.

Wir warten auf Mataji und gewinnen so einen Eindruck von der Anlage. Durch ein Tor fällt der Blick auf einen Innenhof, wo Kinder in Schultracht spielen. Während die Mädchen – weiße Blusen, blaue Trägerkleider, die langen blauschwarzen Haare zu straffen Zöpfen gebunden – lachend in Gruppen zusammenstehen, jagen sich die Jungen im sonnenbeschienenen Teil des Gevierts, turnen eine hölzerne Freitreppe hinauf, über die ein spitzer Uhrenturm wacht. Drüben, im Schatten der Arkaden, sitzt eine Gruppe von Menschen, Jugendliche und Erwachsene, deren vernarbter Blick in der Luft zu hängen scheint. Sie halten große Bücher vor sich und streichen tastend darüber. Eine Blindenschule ist in diesem Ashram eingerichtet.

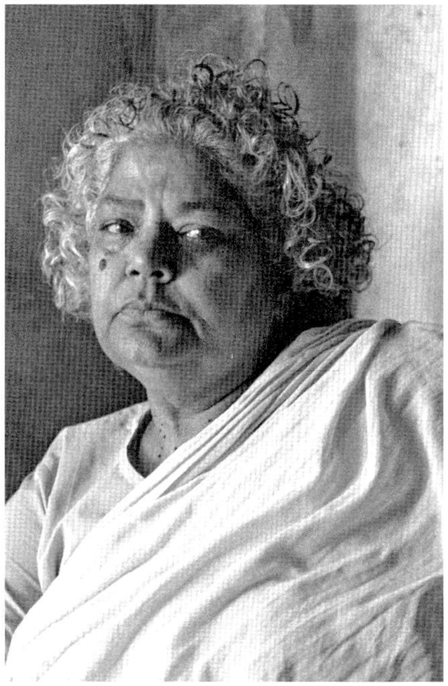

Auch der Swami, der uns auf der Veranda über dem Hof zum Sitzen einlädt, ist blind. Mit wohlklingender Stimme erzählt er uns den Lebensweg von Mataji: Bis zu ihrem 40. Lebensjahr ist Mataji kaum mit Religion in Berührung gekommen, hat nie Heilige besucht. Sie hatte einfach keine Zeit dafür, beginnt der Swami seinen Bericht. Mataji hieß mit bürgerlichem Namen Shanti Bai (übersetzt etwa: Schwester des Friedens), ihr Vater kommt ursprünglich aus der Gegend um Delhi. Geboren wurde sie aber in Ost-Bengalen, in Saidpur, heute Bangladesh. Sie fiel schon in ihrer Kindheit durch Willensstärke und Durchsetzungsvermögen auf, war die Erste unter Gleichaltrigen, doch erzählt man sich, dass sie gerecht und gut war – sie wurde nie geschlagen. Mit 16 Jahren wurde sie verheiratet, aber gerade als ihr Sohn geboren war, nach dreijähriger Ehe, starb ihr Mann.

Nun war sie Witwe, hatte einen Sohn und – obwohl sie einer Brahmanenfamilie entstammte – weder Ausbildung noch Vermögen. Bis ihr Sohn 22 Jahre alt war und begann, ein eigenes Leben zu führen, widmete sie sich ganz seiner Erziehung. Um das Lebensnotwendige zu verdienen, versorgte sie anderer Leute Haushalt. Erst als sie von der familiären Pflicht entbunden war, ihr Sohn geheiratet hatte, begann für sie ein neuer Lebensabschnitt. Sie traf auf Swami Acharanand, der sie mit religiösen und philosophischen Ideen in Kontakt brachte. Er weihte sie in den *Ananda*-Orden ein. Aber während sich die meisten Glaubensbrüder lediglich um ihre spirituelle Entwicklung kümmern, blieb sie weiterhin aktiv, auch nach außen.

Sie ist eine praktische Person, gründete z.B. einen Frauen-Ashram im nahe gelegenen Rishikesh, weil sie erlebt hatte, daß es in gemischten Ashrams immer wieder zu Spannungen kam. So handelte sie nicht geleitet von Illusionen, sondern aus praktischer Lebenserfahrung heraus. Überhaupt kennt man sie als furchtlos, ernsthaft und gewissenhaft. Sie übernimmt Verantwortung, schert sich nicht um gesellschaftliches Ansehen, fühlt sich frei zu sagen, was sie denkt.

Diese Art von Selbstständigkeit – privat und öffentlich – ist ein ungewöhnlicher Zug unter Indiens Frauen. Mataji widmet ihr Leben Menschen, die Hilfe brauchen und verdienen. Die nächste Schule für Blinde z.B. liegt hinter einigen Bergpässen – für die Blinden um Haridvar zu weit entfernt. Bei Mataji erlernen sie die Blindenschrift und die Webkunst in Werkstätten. Ihr Sapta-Rishi-Ashram ist außerdem eine Einrichtung für freie Schulbildung; es wird hier Sanskrit gelehrt, die Sprache der Veden und alten Schriften. Auch verteilt Mataji freies Essen an Sadhus (Asketen) und Arme aus der Gegend. Mataji ist heute 65 Jahre alt, und obwohl sie selbst nicht mehr ganz gesund ist – sie überbeansprucht sich mit all ihren Aufgaben – überwacht sie nicht nur alle Arbeiten, die Küche, die Schule, die Finanzen und die persönliche Betreuung ihrer Zöglinge, sondern verrichtet nachts und vor Sonnenaufgang ihre Gebete und spirituellen Übungen, die ihr Guru ihr aufgetragen hat.

An das Wohlergehen anderer zu denken und danach zu handeln, ist ihre Botschaft und ihre Definition von Heilig-Sein; aus dem Selbstbezug herauszutreten, Gutes zu tun und zu denken, sind für sie heilige Eigenschaften. Es sind die höheren, übergeordneten Prinzipien des Lebens, und dafür, so sagt sie, muss Selbstdisziplin entwickelt werden, Eigenschaften, die dem Wohlergehen der Gemeinschaft wieder zugutekommen sollen.

Neben dem Swami hat nun auch Mataji auf dem Boden Platz genommen. Sie knetet ihre kräftigen Hände, überfliegt Harish und mich mit einem raschen, unverhohlenen Blick. Offensichtlich spürt sie schnell, worum es uns geht. Ohne viele Worte zeigt sie sich kooperativ.

Während sie noch mit uns in der Runde sitzt, rutscht sie schon unruhig hin und her – so ganz das Gegenbild der stoischen indischen Frau. Sie ist außerdem füllig, groß von Statur für eine Inderin; ihre weiß gekräuselten Haare und die gelblich-braune Haut erinnern mich an die Darstellung älterer Farbiger aus den Südstaaten Amerikas in manchen Filmen. Große Worte liegen ihr nicht, ihr Lebenswerk will sie nicht beschreiben, sondern zeigen.

Mit festen Schritten ist sie schon wieder draußen auf dem Hof, wir hinter ihr, die Kinder um sie. Es geht zu den Werkstätten, der Küche, den Schulräumen und zu den Stallungen. So viele Menschen leben hier, und überall ist man tätig; für jeden hat sie im Vorbeigehen ein paar Worte. Sie wird respektiert, verehrt und geliebt. Selbstbewusst weist sie auf das Geschaffene – ihr Werk. Gewidmet ist es den anderen.

Mataji mit ihren Ashram-Kindern

Paramhams Baba (r.) im Gespräch mit einem Vertrauten

Paramhams Baba
Märchen und Gleichnisse

Wir schieben den Vorhang zur Seite und stehen in einem hohen, dunklen Raum. Es ist kühl hier. Tücher vor den Fenstern lassen nur dämmrig grünes Licht in die Kammer fallen. Am Boden eine Ruhestatt aus Kissen und weißen Laken und eine von uns abgewandte, weißverhüllte Gestalt. Die fahle Illumination bringt die makellose Tuchlandschaft zum Fluoreszieren. Reflexhaft berühren meine Fersen den Boden nicht mehr – leise suchen wir uns einen Platz in gebührendem Abstand. Andächtiges Schweigen herrscht; nur das Schwirren der Fliegen ist zu hören. Regungslos das wächserne Antlitz Paramhams Babas. Wie zwischen Leben und Tod schwebend, scheint er niemanden wirklich wahrzunehmen, blickt durch alles hindurch. Seine Züge wirken streng; Uralt-Adel, Brahmanentum ist in ihnen zu lesen. Linien, die von Wissen, Disziplin und Entbehrung erzählen.

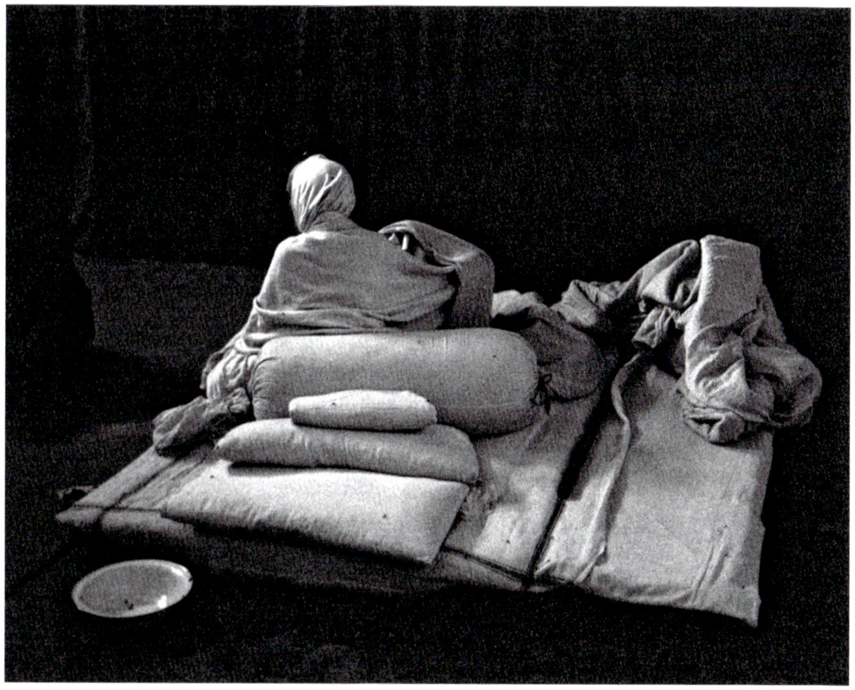

Rätselhaftes weht durch diese Kammer, diese Gruft; die halb sitzende, halb liegende, mumienhafte Gestalt lässt das Bild der biblischen Grabkammer in mir entstehen. Das Geräusch meiner Kamera kommt mir vor wie Blasphemie. Ein Vertrauter beugt sich nun dicht zu ihm – intimes Geflüster. Scheinbar wird auch über unseren Besuch gesprochen, denn es geht der Wink an mich, photographieren zu dürfen, solange ich keinen Blitz verwende. Das Ganze kommt mir vor wie eine lichtscheue Verschwörung, es beginnt, meine Phantasie zu beflügeln. Und ist hier eigentlich der Tod noch fern?

Ein Inder rückt zu mir: »Mit dem Alter ist Babas Stimme sehr leise geworden«, tuschelt er und raunt mir folgende Geschichte zu, durch die Baba in der ganzen Gegend bekannt wurde: »Vor mehr als 70 Jahren lebte Paramhams Baba mit seinem Lehrer Beni Mata Das hier in Ayodhya, im Ram-Tempel nahe dem Saryu-Fluss. Seine Aufgabe war die Reinhaltung der Anlage und der Statuen. Einmal, in der Abwesenheit seines Lehrers, hatte er den starken Wunsch, die Götterskulpturen von Ram und seiner Frau Sita aus dem Tempel hinaus zum nahe gelegenen Fluss Saryu zu tragen und zu waschen. Nur: Die Statuen waren überlebensgroße Figuren aus Stein, es hätte für jede die Kraft vieler Männer bedurft, sie zu bewegen. Er versuchte es trotzdem.

Zu seiner eigenen Verwunderung gelang es ihm auf Anhieb, die Statue des Gottes Ram hochzuheben. Auch die Göttin Sita nahm er mit sich und dazu noch weitere Götter aus dem Tempel. So bepackt, machte er sich auf den Weg zum Fluss. Und nun folgt das eigentlich Wundersame an der Sache: Kaum hatte er das Tempeltor durchschritten, kamen die Affen – zu Hunderten, von überall her – über die Häuser, von den Bäumen, durch die Straßen. Ein Heer von Affen zog mit ihm zum Fluss, vor ihm, neben ihm, hinter ihm, kein Mensch aus der heiligen Pilgerstadt Ayodhya konnte sich dem 20-jährigen jungen Mann nähern, der mühelos die kolossalen Steinfiguren durch die Gassen trug. Es war ein spektakuläres Schauspiel, das die ganze Stadt zusammenlaufen ließ. Am Ufer dann setzte er die Statuen ab, wusch sie, wie er es vorgehabt hatte, und alle Affen, die den Zug begleitet hatten, badeten im Fluss. Baba brachte dann die Figuren zurück in den Tempel und setzte sie wieder auf ihren Platz.

Als sein Guru von der Sache erfuhr, mahnte er Baba, dass es eigentlich nicht erlaubt sei, die Statuen zu bewegen; ihm wäre es wohl aus inbrünstigem Glauben heraus möglich gewesen, er solle es aber nicht noch einmal tun. Es muss wohl der Wille des Gottes Ram gewesen sein, der hier in Ayodhya vor 900.000 Jahren zur Welt kam. Die Affen, so erklärte damals Babas Guru, sollten verhindern, dass irgendjemand außer Baba die Statuen berühre.«

Mit einem Ohr diese merkwürdige Geschichte vernehmend und die unvorstellbaren Zeiträume kalkulierend, frage ich mich, wie ich wohl meinen Film zu entwickeln habe, den ich in dieser Situation belichte. Wenigstens Kerzenlicht, so denke ich mir, würde hier weiterhelfen. Trotzdem drängt es mich zu weiteren Aufnahmen; manchmal bauscht ein Luftzug die Tücher vor den Fenstern auf – für Sekunden eine schwache Lichtquelle. Außer Baba, der sich um nichts kümmert, sind alle irritiert, wenn ich immer wieder auf den Auslöser drücke; ein Bild sei genug, denken sie.

Baba schickt nun seinen Vertrauten mit uns hinaus; er hat alle Informationen, die wir brauchen. Unwillkürlich atme ich auf, als wir mit ihm über die Türschwelle hinaus ans Tageslicht treten. Die Atmosphäre bei Baba ist sehr fremdartig; wie in einem Zwischenreich scheint hier alles Lebendige zu warten.

»Baba lebt erst seit ein paar Jahren auf diesem Bett und in dem abgedunkelten Zimmer. Seine Augen und seine Stimme sind mit dem Alter schwach geworden; er muss viel ruhen, er ist jetzt 93 Jahre alt«, beginnt nun der Bericht des Vertrauten. »Das Hauptmerkmal an Baba ist seine Medialität, die er zur Hilfe und Heilung für seine Mitmenschen einsetzt. Darüber hat er viele Schüler und Anhänger gewonnen, auch einige Leute aus dem Westen. Bis zu seinem 42. Lebensjahr, so lange lebte nämlich sein Guru, führte Baba ein gleichmäßiges, unauffälliges Leben. Als er sich dann aber in seiner Meditation auf die Person seines Lehrers konzentrieren wollte, erschienen ihm längst verstorbene Dichter und Heilige, wie Kabir Das, Mira, Sur Das (sie lebten etwa vor 300 bis 500 Jahren), nicht als Vision, sondern als wirkliche Personen. Sie diktierten ihm Verse, die vorher noch nie aufgezeichnet worden waren; und zwar im jeweiligen Dialekt ihrer Gegend und dem Wortgebrauch der Zeit. Versmaß und Stil wurden von Experten als authentisch identifiziert. Bücherweise hat Baba solche altertümlichen Schriften wiedergegeben.«

Viele andere wundersame Begebenheiten erzählt man sich von ihm: Da gibt es z.B. jenen Jungen, den einzigen Sohn einer Witwe, der von zu Hause davongelaufen war; er war in schlechte Gesellschaft geraten, war dann nicht mehr aufzufinden gewesen. Die Mutter fiel in Depression und Verzweiflung, er war der Einzige, der die Familie in Zukunft hätte erhalten können. Sie hörte von Paramhams Baba aus Ayodhya, sie bat ihn um Hilfe. Baba gab ihr ein *Mantra* mit der Anweisung, in einer stillen Ecke des Hauses zu sitzen und fortwährend, so oft wie möglich, den Gebetsspruch still vor sich herzusagen.

Innerhalb von 36 Stunden war das Kind wieder zurück, und Folgendes berichtete es: »Ich war in Kolkata (etwa 1000 km von Ayodhya) mit einem Baba zusammen, der mich in einen Ashram mitnahm, um aus mir einen Heiligen zu machen. Dort saß ich nun mit einigen anderen zusammen in der Runde, als plötzlich ein sehr alter, hellhäutiger Heiliger auf mich zutrat, mich ansprach: ›Hier sitzt du mit diesen Mahatmas (großen Seelen) herum, während deine Mutter um dich weint und dich vermisst. Steh sofort auf und geh nach Hause!‹ Er stand groß vor mir, einen Stock drohend in der Hand. ›Steh auf, geh heim‹, fügte er noch einmal hinzu, ›oder ich schlage dich!‹«

Der Junge verließ sofort den Ashram und ging zur nächsten Bahnlinie. Bis der Zug in der Heimatstadt einlief, betete die Mutter das *Mantra*. Mit dem wiedergefundenen Sohn ging die Mutter zu Baba. In dem Moment, als der Junge Baba sah, rief er: »Nicht zu dem, Mutter, der schlägt mich!« Baba bedeutete ihm freundlich: »Du bist zurückgekommen, ich tu dir nichts, bist ein guter Junge.« Sie hatten sich wiedererkannt. Diese Geschichte ging hier durch den ganzen Ort.

Unser Begleiter zeigt uns nun ein kleines Büchlein, das Baba herausgegeben hat, und erläutert einige Stellen aus dem Text: »Wie viele andere Heilige ist Baba für die Idee engagiert, eine bessere und menschlichere Gesellschaft zu schaffen. Baba glaubt an das Gute, an eine altruistische Haltung zum Mitmenschen; zu teilen, was man hat, ist für ihn die Essenz des Lebens.«

Seine Haltung Atheisten und Agnostikern gegenüber ist tolerant: »Die Menschen, die nicht an Gott glauben, haben recht, weil sie ihn nicht spüren können. Folglich, wenn sie nicht an Gott glauben, sind sie im Grunde genommen ehrlich. Schlimmer sind die, die sich auf Gott berufen und immer noch unrichtig handeln – sie fühlen ihn nicht wirklich, sonst würden sie sich ja dementsprechend verhalten. Hier sind die Atheisten und Agnostiker die besseren Menschen, die anderen sind einfach Heuchler.«

Baba empfiehlt, die Suche in der äußeren Welt einzuschränken und sich stattdessen selbst zu erforschen. Er sagt: »Hat man falsch gehandelt und ist darüber betrübt, ist die Möglichkeit der Besserung gegeben, man hat es immerhin bemerkt. Aber Schuldgefühle und Reue allein helfen nicht – es nicht zu wiederholen, ist die richtige Entwicklung. Selbsterziehung zu Geduld, Nachsicht und Selbstvertrauen sind wichtig, und: Es ist ratsam, Menschen zu meiden, die loben oder schmeicheln, sie sind die wirklichen Feinde. In der Konsequenz führt es zur Beschränktheit, da man glaubt, das zu sein, was die anderen von einem halten.«

Baba hat es sich zur Aufgabe gemacht, seine Mitmenschen auf ihr Innenleben aufmerksam zu machen, da es seiner Meinung nach das einzig Wirkliche im Leben ist. Alles Äußere ist von Illusionen und Täuschungen begleitet, verschieden von Betrachter zu Betrachter; keine zwei Augenpaare sehen dasselbe. Da die Menschen Vergänglichkeit, Wandel und Verfall ihrer selbst und aller Dinge um sich herum bemerken, erwächst die Sehnsucht in jedem Einzelnen, das Beständige, den Ursprung aller Dinge zu erfahren. Wer zielgerichtet danach strebt, meint Baba, wird nicht so leicht Opfer von Belanglosigkeiten. Wer sein wahres Selbst entdecken will, leidenschaftlich daran arbeitet, kann darüber auch Gott erkennen.

»Gott«, sagt Baba, »ist nicht eine Person, eine Form, ein Wesen oder Ding, er ist die Allgegenwärtigkeit, ist allmächtig und allwissend. In jeder Form, in der man ihn sich wünscht, kann er erscheinen, er selbst hat aber keine Form. Bestimmt man ihn mit dem Namen einer Gottheit, so wird er einem in eben dieser Form begegnen. Der, der diese Vorstellung geschaffen hat, verehrt also nur seine eigene Imagination. Jede erdenkliche Gestalt – oder eben gar keine – kann verehrt werden, trotzdem ist es möglich, mit dieser ursprünglichen, erhabenen Energie in Berührung zu kommen.«

Ohne die Menschen gäbe es die Götter nicht, denke ich still für mich.

Der Inder erklärt weiter: »Paramhams bedeutet reines, ungeteiltes, nicht dualistisches Bewusstsein. Paramhams Baba versucht zu helfen. Er selbst hat immer einfach und bescheiden gelebt. Gleichgültig, ob man ihn nun beleidigt oder hochpreist, ist er niemandem besonders verbunden oder abgeneigt. Nur wenn eine Person seine Hilfe benötigt, widmet er ihr seine volle Aufmerksamkeit; die Leute, die keine Probleme haben, übersieht er, denn sie brauchen ihn ja nicht. Seiner Meinung nach ist es Ziel und Sinn des Lebens, uneigennützig zu helfen, glücklich und inspiriert zu leben und sich der Allgegenwart Gottes so oft wie möglich zu erinnern.«

Mukteshwara-Tempel (9. Jhd. n.Chr.) in Bhubaneshwar (Orissa)

Drei Fragen an einen Swami

Am letzten Tag vor meiner Abreise – die Kamera war schon im Koffer – ergab sich überraschend die Möglichkeit eines *Darshan* bei Swami Akhandanand. Unverhofft erhielt ich von ihm Antworten auf Fragen, die mich während der Arbeit am Thema ›Indische Asketen‹ bewegt hatten. Wirken andere Asketen durch ihr Leben – wer von ihnen lernen will, muss sie erleben –, so bietet Swami Akhandanand Definitionen, die das Beobachtete zusammenfassend formulieren, schlüssige Antworten, die ich als Essenz mit nach Hause nahm.

Relief im Sonnentempel Konarak (13. Jhd.)

› Ist die indische Philosophie anwendbar auf die Probleme der modernen Welt?

Philosophie ist universell, wie auch die Wahrheit; es gibt keine auf Indien begrenzte, rein indische Philosophie. Philosophie ist eine Betrachtungsweise des Lebens und zugleich ein Zugang zum Leben. Quelle neuer wie auch alter Probleme der Welt sind Angst- und Furchtempfindungen, die individuell, national oder global verspürt oder übertragen werden. Diese Probleme werden sich in ihrem Kern nicht ändern, solange Denken, Fühlen und Handeln der Menschen bestimmt sind von echter Not, Leiderfahrungen und unzähligen Mangelempfindungen. Angst, Furcht vor dem Kommenden, Neid, Abwehr und Hass, die daraus entstehen können, lassen Frieden kaum möglich werden.

› Was bedeutet Selbstverwirklichung, was sind charakteristische Zeichen für einen solchen Zustand, und welchen Nutzen bringt er der Gemeinschaft?

Für den, der Selbstverwirklichung erreicht hat, gibt es keine Einteilung in hoch und niedrig; Kasten- oder Standesunterschiede lösen sich für ihn auf; er schätzt und behandelt die anderen alle gleich. Selbstverwirklichung ist begleitet von dem Gefühl der Einheit mit allem Lebenden, Kosmischen. Es ist die Einsicht, in ein universelles Geschehen eingebettet zu sein. Toleranz, Friedfertigkeit, Gelassenheit, Schönheitssinn und Spontaneität sind einige Eigenschaften eines solchen Zustandes.

Menschen solcher Qualität werden im Widerstreit der Konflikte und Meinungen immer einen harmonisierenden Einfluss ausstrahlen, ausgleichend wirken. Somit bringt die Läuterung des eigenen Wesens hin zur Selbstverwirklichung automatisch Nutzen für die Mitmenschen und die Gesellschaft. Dies schließt nicht die Ethik der tätigen christlichen Nächstenliebe aus; sie findet in Indien eine Entsprechung im *Bhakti-Yoga*.

› Können Sie eine Definition von Spiritualität geben, die man auch im Westen verstehen kann?

Spiritualität bedeutet Freiheit; gemeint ist eine innere Freiheit: frei von der Prägung der Herkunft, wie Familie, Gesellschaft und Beruf, von Religion, einem Guru oder Gott, auch Freiheit von jeglichem Freiheitsideal. Eine Entbundenheit von mentalen Konstruktionen. Ein freier Mensch denkt und lebt jenseits der rivalisierenden Kräfte von Gut und Böse, frei von sich ergänzenden Prinzipien wie männlich und weiblich, Lauf und Gegenlauf – ohne dualistische Vorstellung. Ein spiritueller Mensch reagiert nicht auf ihn treffende Lebensumstände; Innen- und Außenleben verschmelzen. Er hat vollkommenes Vertrauen ins Leben.

oben, rechts und S.36/37 Wintermorgen am Ganges, Varanasi

oben Hindu-Mönch in Rishikesh
rechts Ein Sannyasin in Kannyakumari

प्रयागघाट

oben Treppen zum Ganges, Varanasi
S. 40/41 Das Gangesufer in Varanasi bei Sonnenaufgang

Morgenritual eines jungen Sadhu, Varanasi

Pilger beim rituellen Bad am Gangesufer,
Varanasi

Lagerplatz zweier junger Sadhus an den Uferbauten des Ganges, Varanasi

घाट

Sindhiya Ghat in Varanasi

Vorbereitungen für das *Pongal*-Fest im Innenhof eines Privathauses

Das *Pongal*-Fest: Ein Brahmane gießt geweihte Milch in den Reis, Tamil Nadu.

Anlässlich des *Pongal*-Erntedankfestes wird eine Vishnu-Statue aus dem Tempel geholt, Tamil Nadu.

oben Junge Sängerin als Gott Krishna gekleidet
links Jain-Tempelanlage auf dem Berg Girnar (Gujarat)

oben Ein Jain-Gläubiger verehrt ein Bildnis in einem Tempel, Malabar, Mumbai (früher Bombay)
rechts Jain-Tempel in Kolkata (früher Kalkutta)

Verehrungsritual zu Füßen eines Heiligen

Während eines Tempelfestes wird freies vegetarisches Essen ausgeteilt, Palakkad (Kerala).

Tempelfest zu Ehren der Göttin Badhrakala, symbolisiert als goldenes Schild auf den Elefanten, Maradu (Kerala)

Der Goldene Tempel der Sikhs
in Amritsar (Punjab)

oben Prozession zu Ehren des Götterpaares Ram und Sita, Amritsar
rechts Der Goldene Tempel während des Baisakhi-Festes

Als Vorbereitung auf die Hochzeit wird der Bräutigam von den Frauen seines Hauses mit verschiedenen Gewürzen gesalbt und verlässt das Haus traditionsgemäß auf einem Pferd, um seine Braut zu holen.

Christliche Doppelhochzeit,
Goa

Das Lichtfest Diwali, Delhi

Arti, eine abendliche Feuerzeremonie am Ganges in Haridvar (Uttarakhand)

oben Abstellraum für Götterstatuen und Prozessionsgerätschaften, Goa
links Abendliches Gebet einer Familie in einem Nandi-Tempel, Bangalore

oben Fatehpur Sikri bei Agra, im Vordergrund rechts das Grabmal des Scheichs Salim Chishti
links Beim Nizzamuddin Dargah in Delhi. Ein Hakim (Kräuter- und Heilkundiger) berät eine Familie.

Abendessen einer Muslim-Familie während des Ramadan

Die Gebetsnische des Grabmals von Sultan Iltutmish
am Qutb Minar, Delhi

Ein Gläubiger in der Jama Masjid, der größten Moschee Indiens

Im Innern der Jama Masjid

oben Aufführung der Tscham-Mysterien, Hemis-Kloster (Ladakh)
links Lange Kupferhörner (Ragdun) verkünden den Beginn
eines buddhistischen Festes.

Buddhistische Prozession mit dem Bildnis des jungen XIV. Dalai Lama, Swayambunath (Nepal)

Der XIV. Dalai Lama beim *Monlam*-Fest, der tibetischen Neujahrsfeier, Mundgod (Karnataka)

HIS HOLINESS THE DALAI LAMA
LIFE TIME. MAY HIS DEEDS &
FOREVER
AND MAY THE
MAY HIS WISHES BE SPONTANEOUSLY

oben Für die 4000 Mönche des Klosters werden vor dem Tempel Brotfladen bereitgelegt.
links Ganden, das tibetische Exilkloster bei Mundgod (Karnataka)

oben Ling Rinpoche (vorne rechts, 1903–1983), einer der wichtigsten Lehrer des XIV. Dalai Lama
rechts Bußübung eines tibetischen Laiengläubigen vor jungen Mönchen

oben Junger buddhistischer Mönch in einem Gebetsraum des Klosters Ganden
rechts Jugendliche Mönche nach einem Tag voller Gebete

Tibeter während des Gebetsfestes *Monlam Chenmo*, Mundgod

Sur, handgemachte Opfergaben aus Teig, Farbe und Butter,
für eine tantrisch-buddhistische Messe

Indische Feste

Diwali
Lichter und Legenden

Diwali oder auch Dipawali ist das Fest des Lichts und der Lichter – zu Ehren Lakshmis, der Göttin der Schönheit, des Wohlstands und des Glücks. Das über fünf Tage und Nächte dauernde, sehr beliebte und farbenfrohe Fest wird in ganz Indien gefeiert. Es fällt auf den Neumond *(Amavasya)* des Hindumonats *Kartika* (November), beginnt allerdings schon in den letzten zwei Tagen des Monats *Asvina* (Oktober).

Typisch für Diwali sind die vielen Kerzen oder Öllämpchen, die in den Fenstern und Türen der Häuser stehen und abends ein warmes Licht verbreiten. Die mit zahlreichen Lichterketten strahlend erleuchteten Straßen, Bäume und Plätze verleihen dem geschäftigen Treiben auf den Märkten einen feierlichen Glanz. Hier kündigt sich Diwali schon lange vor dem eigentlichen Festdatum und mit speziellen Auslagen an: Berge von Süßigkeiten und Früchten, glitzernd verpackte Geschenkkörbe, Götterstatuen in allen Größen und Ausführungen, indische, aus Terrakottaschälchen mit Wachs und Docht gefertigte Kerzen *(Dipas)*, üppige Blumenstände, Verkaufstische voller Haushaltswaren und Stapel mit Kalendern und Grußkarten. Diwali ist ein Fest der Erneuerung; es verspricht allen Freude und Glück. Die Häuser werden frisch gestrichen, die Räume mit bunten Blüten oder geometrischen Zeichen aus Reismehl *(Rangoli)* geschmückt. Und je nach Haushaltsbudget werden Geschenke für Familienmitglieder oder Geschäftsfreunde gekauft. In der Zeit um Diwali versuchen sich auch viele im Glücksspiel. Nach alter Tradition kaufen sich die Hausfrauen neben neuem Kochgeschirr auch schöne Saris und teuren Schmuck. Speisen werden in großer Fülle und Auswahl zubereitet. Diwali ist auch nicht zu überhören: An jeder Straßenecke explodieren Feuerwerkskörper, die die bösen Geister vertreiben sollen, was in den Metropolen Indiens zu tagelangem Getöse und manchmal auch zu unangenehmem Smog führen kann. Doch all dies ändert nichts an der fröhlichen Stimmung der Menschen. Denn Diwali gibt Hoffnung und Kraft für ein neues Jahr und symbolisiert den Sieg des Guten über das Böse.

Würde man die Bedeutung von Diwali mit einem europäischen Feiertag vergleichen, so käme es einer Kombination aus Weihnachten und Neujahr gleich: ein religiöses und wichtiges Familienfest einerseits, aber auch für viele Inder der Beginn eines neuen Jahres.

Darüber hinaus ist Diwali ein Erntedankfest, es zeigt das Ende der Monsunzeit und den Beginn des Winters an. Die Frauen bringen für ihre häuslichen *Diwali-pujas* (Rituale) eine Vielzahl von Früchten, Getreidesorten, Gewürzen und Blumen mit.

Der genaue Ursprung von Diwali ist unbekannt. Manchen Quellen zufolge soll das Fest bis auf die vorvedische Zeit zurückreichen, bis ca. 1000 v. Chr. Die Mythen um Diwali sind so vielschichtig wie die Zeremonien. Die Gebete und religiösen Übungen können sich – neben der Glücksgöttin Lakshmi – auch noch auf andere Götter und Göttinnen beziehen, z. B. auf Lakshmis Gefährten Vishnu oder auf Saraswati, die Göttin der Künste und Gelehrsamkeit. Man verehrt auch den weisen Elefantengott Ganesh, die Energie spendende Durga sowie Rama und Krishna, die wiederum Inkarnationen des Gottes Vishnu sind. Außerdem dient Diwali dem Gedenken der Ahnen: Die Gebete und Wünsche der Familien sollen auch die Verwandten im Jenseits erreichen. Jeder einzelne Tag hat einen eigenen mythologischen oder sozialen Zusammenhang.

Am ersten Tag, *Dyan Trayodashi,* kaufen die Menschen neue Kleider und Geschenke ein; damit beginnen die Feierlichkeiten. Der Tag bezieht sich auf einen wichtigen Mythos, der in den alten Schriften der *Puranas* beschrieben ist, wonach Götter und Dämonen zusammenarbeiteten, um das Wasser des Ozeans in einen gewaltigen Strudel zu verwandeln. Aus den Wogen des Meers entstiegen die Sonne, der Mond, die Göttin des Glücks und schließlich der göttliche Arzt Dhanvantari, der in seinen Händen eine Schale *Amrit* (Nektar) hielt, das Elixier der Unsterblichkeit.

An *Narak Chaturdashi* wird Krishna verehrt. Einer Legende nach, die besonders im westindischen Bundesstaat Gujarat und entlang der Küste Indiens verbreitet ist, erinnert der Tag an den Sieg Krishnas über den gefürchteten Dämon Narakasura (König eines Gebietes im heutigen Assam) und der damit verbundenen Befreiung mehrerer tausend unschuldiger, gefangen gehaltener Frauen. Die rituellen Handlungen an diesem Tag beginnen schon bei Tagesanbruch: zunächst mit einem reinigenden Bad in Ölessenzen, gefolgt von Gebeten zur Tilgung der Sünden, der Darbietung eines Speiseopfers zur Besänftigung des Todesgottes Yama. Schließlich wird ein Licht für Narakasura entzündet. Manche religiösen Texte schlagen noch das Fasten tagsüber und den Genuss nur einer einzigen Mahlzeit am Abend vor. Nach einem üppigen Essen, das 14 Arten von Gemüse beinhalten soll (da das Fest am 14. Tag des Hindumonats beginnt), müssen am Abend unzählige Reihen von Kerzen oder Lämpchen alle Teile des Hauses erleuchten.

Den nächsten Tag, *Mahalakshmi Amavasya* (Neumond), bezeichnet man als den dunkelsten Tag des Jahres. Nach weit verbreitetem Glauben besucht und segnet an diesem Abend die Göttin Lakshmi die Häuser der Menschen. Sie möchte allerdings mit vielen Lichtern willkommen geheißen werden. Die wichtigsten Rituale des Tages bestehen aus einem weiteren Bad, dem Gedenken verstorbener Familienmitglieder, dem strengen Fasten tagsüber, dem Verteilen von Geschenken an Brahmanen sowie aus einer abendlichen Zusammenkunft der Familienmitglieder zum gemeinsamen Gebet an Lakshmi. Der Glaube von der Flüchtigkeit des Glücks erfasst auch wohlhabende Haushalte und solche mit Bildung. Bei den Zeremonien kann man beobachten, wie besorgt die Frauen um die Einhaltung kleinster Details sind. Schon eine scheinbar belanglose Unachtsamkeit – z.B. das versehentliche Umstoßen eines Behälters am Hausaltar – könnte sich negativ auf das Glück im kommenden Jahr auswirken. Statt Lakshmi könnte auch Alakshmi (die unglückbringende Göttin) einen Besuch abstatten und das Wohl des Hauses bedrohen. Deshalb sieht und hört man in Indiens kleineren Städten und Dörfern, wie gegen Mitternacht Frauen mit Trommeln und Tongefäßen schon vorsorglich einen fürchterlichen Lärm erzeugen, um die unerwünschte Alakshmi fernzuhalten.

In Bengalen wird an diesem Tag anstelle von Lakshmi die eher furchterregende Göttin Kali angebetet, und am Abend werden ihre aus Terrakotta geformten Ebenbilder in den Fluss geworfen. In diesem Teil Indiens wird *Mahalakshmi Amavasya* als das *Kalipuja*-Fest bezeichnet.

In vielen Teilen Indiens ist es aber auch der Tag, an dem die Kaufleute ihre Gebete an die Göttin Lakshmi auf geschäftliche Erfolge richten, die neuen Jahres-Bilanzbücher hervorholen und sie mit rotem Pulver segnen.

Am vierten Tag, *Govardhan Anakuta,* wird wieder Krishna verehrt. Der Sage noch rettete er Tausenden von Kuhhirten und Kühen das Leben, indem er einen Bergrücken wie einen riesigen Schirm über sie hielt und sie auf diese Weise vor den Gefahren eines Wolkenbruchs schützte.

An *Bhratri Dwitiya* geht es um die Erinnerung an die Beschützerrolle, die traditionell die Brüder in den Familien gegenüber ihren Schwester einnehmen. Frauen und Mädchen knüpfen ein Band aus Baumwolle um das rechte Handgelenk der Männer, und der rote Punkt *Tilak* schmückt ihre Stirn. Auch Süßigkeiten werden überreicht. Im Gegenzug zeigen die Brüder ihre Loyalität mit Geldgeschenken, Schmuck oder auch Kleidern.

Schließlich ist Diwali auch ein Fest zu Ehren des Gottes Rama, der, wie es das berühmte *Ramayana*-Epos erzählt, nach 14 Jahren Exil siegreich und in Begleitung seiner Frau Sita in sein Königreich Ayodhya (in Nordindien) zurückkehrte. Nach langem Kampf in Sri Lanka hatte Rama seine gefangen gehaltene Sita aus der Gewalt des Dämonen Ravana befreit. Die Lichter Diwalis sollen dem Paar helfen, den Weg in die Heimat zu finden.

Diwali-Feier in einem Privathaushalt

Dussehra
Die Große Mutter

Dussehra ist ein über zehn Tage dauerndes Fest, das man überall in Indien findet. Früher, zur Zeit der indischen Fürstentümer, fand Dussehra mit großen Umzügen, Staatszeremoniell und Historienspielen statt, es war ein Fest der herrschenden Klassen. Seit der Unabhängigkeit Indiens und der politischen Bedeutungslosigkeit der Fürsten wird es von Arm und Reich gefeiert, gleichzeitig aber werden die prächtigen Prozessionen seltener. Dussehra ist auch unter dem Namen *Durga Puja, Ram-Lila* oder *Navaratri* bekannt, was übersetzt neun Nächte heißt. Es fällt auf den Hindumonat *Asvina* (September / Oktober), also der Zeit des Übergangs vom Sommer in den Herbst. Ein zweites Navaratri-Fest findet im Hindumonat *Caitra* (März / April) statt.

Die *Durga Puja* ist einzigartig unter den Hindufesten, da sie sich ganz auf die Verehrung der großen weiblichen Gottheit Durga und ihrer verschiedenen Aspekte konzentriert. Sie symbolisiert die vielgesichtige und vielarmige, nährende und gebärende weibliche Energie, die nach der Hinduvorstellung das Universum in Bewegung hält. In Durga, die den Büffeldämon Mahisha bezwang, verehrt man sie auch als die schwarze Zeit verschlingende Kali, die reine Jungfrau Kumari, die asketische Uma, die venusgleiche Lakshmi, die verführerische Lalita, die Kunstpatronin Saraswati oder auch die glückliche Göttergattin Parvati; dementsprechend wird sie in jeder der neun Nächte in einer anderen Form angebetet, bis sie sich schließlich am zehnten Tag zur *Shakti*, zur universellen Urenergie wandelt. Für die Shaktas, die die Anbetung Parvatis zum Kult erhoben haben, ist sie dann Devi, die höchste Göttin überhaupt, oder auch Mahadevi, die allerbarmende ›Große Mutter‹.

Während Dussehra ist es üblich, ein Bildnis der Gottheiten am Hausaltar aufzustellen, und es werden für die öffentlichen *Pujas* (Anbetungs-, Opfer oder Reinheitszeremonien) riesige Abbilder auf Plätzen errichtet. Pandits (brahmanische Gelehrte) lesen aus alten Texten die ruhmvollen Geschichten der Gottheiten und erläutern sie dem aufmerksamen Publikum anhand von Anekdoten und Gleichnissen. Dieses *Katha* (Geschichtenerzählen), das meist noch von religiöser Musik begleitet wird, ist ein wichtiger Teil der Anbetung.

Im Punjab fastet man die ersten sieben Nächte von *Navaratri*. Eine Legende erzählt, dass einst bösartige Dämonen den Punjab beherrschten und den Menschen verboten hatten, Nahrung zu sich zu nehmen; alles Essbare war von den gefräßigen Ungeheuern in Beschlag genommen. Nach der Anrufung von Durga erschien sie in ihrem kriegerischen Aspekt, bekämpfte die Dämonen sieben Tage lang und vertrieb sie. Am achten Tag forderte sie die Menschen auf, Festgelage zu veranstalten. Demnach beginnt *Navaratri* dort mit sieben Tagen der Entbehrung und wird am achten Tag mit einem üppigen Essen ausgeglichen.

In Gujarat wiederum führen die Frauen an *Navaratri* einen beschwingten Rundtanz, *Garba*, um eine auf einen Schemel gestellte Lampe auf. In Tamil Nadu wird die Anbetung der Göttinnen in zeitgleiche Abschnitte aufgeteilt: Die ersten drei Tage sind Durga gewidmet, die nächsten drei Tage Lakshmi und die letzten drei Tage Saraswati. In Bengalen ist die Verehrung von Durga besonders beliebt. Als Kali beten auch Nicht-Hindus zu ihr, und nach neun Nächten des Fastens und Betens wird ihr Bild in einer Prozession aus dem Tempel getragen und in ein Tempel-Becken, einen Fluss oder ins Meer versenkt.

Am letzten Tag von Dussehra, *Vijayadasmi,* dem Tag des Sieges von Rama über Ravana, betet man in den Familien besonders innig und oft. Nach altem Brauch überbringen Brahmanen und arme Leute an diesem Tag den wohlhaben-

Relief der Göttin Kali, Kathmandu (Nepal)

den Häusern *Navratas* (einen Bund frischer Gerstenschösslinge, die in den neun Tagen des Festes gewachsen sind) und erhalten dafür Geschenke und Almosen.

Im nördlichen Indien wetteifern Theatergruppen miteinander, die Aufführungen des *Ram-Lila*, dramatische Szenen aus dem *Ramayana*-Epos, zeigen. In diesem Landesteil ist *Ram-Lila* das Erkennungszeichen von Dussehra. In der Stadt Mysore, im südindischen Bundesstaat Karnataka, zieht in Erinnerung an den mittelalterlichen Pomp und Prunk der Fürsten eine Prozession von festlichen Triumphwagen und Elefanten durch die reich geschmückte Stadt.

Im Kullu-Tal, das auch das Tal der Götter genannt wird und im Bundesstaat Himachal Pradesh, 600 Kilometer nördlich von Delhi, liegt, wird Dussehra auf eine ganz besondere Weise gefeiert. Das ca. 80 Kilometer lange Tal wird von einer prächtigen Bergkulisse begrenzt. Hier gibt es reißende Gebirgsbäche, einen tausendjährigen Nadelwald mit Zedern, weite saftige Wiesen, die mit Bergblumen übersät sind, Fasane und bis vor etwa 40 Jahren auch schwarze und braune Bären. Zum Dussehra-Markt im Städtchen Kullu, der mit seinem bunten Programm von Prozessionen, Tänzen und Jahrmärkten auch den Herbstbeginn signalisiert, tragen die Bergbewohner der Dörfer und entlegensten Siedlungen ihre metallenen, hochpolierten Göttermasken in farbenfrohen und blumengeschmückten *Palankins* (Sänften) herab. Trommel- und Waldhörner-Musik begleiten sie; während einer Rast lauschen die Menschen gespannt, wenn der in Trance versetzte Orakelsprecher den Willen der Götter hinter den lächelnden Masken der Idole weissagt.

Am Maidan, dem zentralen Platz, werden die Masken in Reih und Glied aufgestellt – neben Verkaufsständen von Devotionalien, feinen Schals aus Kashmirwolle, Silberwaren und der reichen Obsternte des Tals. Noch fehlt aber Lord Ragunath, der Hauptgott des Tals, der einen Aspekt des Gottes Rama repräsentiert. Er wird am nächsten Tag unter der Führung des *Rajahs* (Fürsten) von Kullu aus dem Ragunath-Tempel in die Mitte des Maidan geholt. Zehn Tage lang thronen die Götter dort, von den Menschen angebetet, umringt und bestaunt.

Am letzten Tag setzt sich Lord Ragunath an die Spitze einer Götterprozession, hoch oben in einem von vielen Pilgern gezogenen, prächtigen Tempelwagen; begleitet von Dorfbewohnern in ihren Festgewändern sowie Musikanten in alten Trachten steuert er auf den Fluss zu – und damit dem Höhepunkt des Festes. Hier werden die Götter Schauspieler und die Dorfbewohner Zuschauer in einem Spiel, das sich zwar an das *Ramayana*-Epos anlehnt (dem berühmten Sieg Ramas in Sri Lanka über den vielköpfigen Dämon Ravana und der damit verbundenen Befreiung seiner schönen Frau Sita), aber das Drama des Dussehra-Spiels von Kullu ist effektvoll modifiziert. Der Dämonenkönig Ravana hat sich in einer befestigten Drachenburg verschanzt, die von der Truppe der Göttermasken belagert wird. Plötzlich explodieren Sprengkörper, Teile und Trümmer der Drachenburg fliegen durch die Luft, und unter dem Jubel der Menschen zerfällt auch der papierene Dämon in den Flammen: Die Götter waren siegreich, das Gute hat über das Böse triumphiert. Opfergaben werden dargebracht, und die Bewohner des Tals feiern durch die Nacht.

Holi
Alle Farben dieser Welt

Farbspuren des Holi-Festes

Mit Holi feiern die Menschen den Beginn des Frühlings. Holi ist das fröhlichste und farbigste aller Feste Indiens. Es dauert zwei Tage und findet an Vollmond des Monats *Phalguna* (Februar/März) statt. Es ist vor allem in Nord- und Zentralindien sehr populär, während es im Süden keine große Bedeutung hat.

Am Abend des ersten Tages werden Freudenfeuer entzündet, und eine Puppe aus Stroh, die Holika repräsentiert, wird ins Feuer geworfen.

Am nächsten Tag beginnt das eigentliche Fest. Holi findet tagsüber und auf der Straße statt – und es herrscht, ähnlich wie im westlichen Karneval, absolute Narrenfreiheit: Aus vollen Händen bewirft man sich mit Farbpulver (*Gulal*) oder verspritzt gefärbtes Wasser – ausgiebig und manchmal gleich eimerweise. Auch Touristen sind beliebte Zielscheiben. Dass sich die Gesichter in grinsende Farbpaletten verwandeln und sich die Kleidung kunterbunt verfärbt, ist typisches Zeichen dieses Festes. Holi ist zudem berühmt für einen Rollentausch und eine kleine Rache der Untergebenen, die für ein paar Stunden alles auf den Kopf stellt: Frauen schlagen auf ihre Männer ein, Ältere werden verspottet – auch Kastenunterschiede verhindern dies nicht –, obszöne Tänze, Posen oder Possen werden öffentlich aufgeführt und der Konsum von Alkohol und Haschisch nimmt beträchtliche Ausmaße an.

Noch am selben Abend aber kehrt Normalität zurück, man hat sich der Farbe entledigt, verschenkt Süßigkeiten und Kuchen, Freunde umarmen sich und wünschen sich Glück. Die jungen Leute verbeugen sich vor ihren Älteren und berühren respektvoll ihre Füße.

Holi, oder Holika, wie das Fest ursprünglich hieß, wird schon in sehr alten religiösen Schriften (etwa den *Purvamimamsa-Sutras*) erwähnt. Das lässt vermuten, dass es bereits mehrere Jahrhunderte vor Christi Geburt existierte. Wahrscheinlich handelte es sich ursprünglich um ein Fest, das von verheirateten Frauen für das Glück und Wohlergehen ihrer Familien zelebriert wurde. Allerdings sind für Holi praktisch keine religiösen Zeremonien, wie Gebete oder Fastenübungen, vorgeschrieben.

Es gibt verschiedene Legenden die mit Holi verbunden werden. Eine besagt, dass Kama, der Gott der Liebe – der wie der römische Cupido die Frühlingsgefühle und Leidenschaft der Menschen erwecken kann –, ausgerechnet auf Gott Shiva zielte, der sich entschlossen hatte, in Askese zu leben. Shiva erblickte die liebreizende Parvati, die fastete und sich bemühte, ihn zu gewinnen. Er wankte in seinem Entschluss, fasste sich aber dann doch wieder und wurde zornig. Er öffnete sein drittes Auge (das Auge der Erleuchtung, das bei Shiva auch todbringend sein kann), sein Blick fiel auf Kama, der daraufhin zu Asche zerfiel. Daher werden in manchen Teilen Indiens zu Holi Verse gesungen, die von Klageliedern Ratis, Kamas Frau, handeln. Shiva ist davon berührt und verspricht den Gott der Liebe wiederzuerwecken, allerdings in unsichtbarer Form.

Eine andere Legende handelt vom mächtigen König Hiranya Kashipu und von Holika, seiner Schwester. Der König ließ sich von seinen Untertanen als Gott verehren, aber Prahlad, sein einziger, noch junger Sohn, widersetzte sich, da er an den Gott Rama glaubte. Durch den Schutz Ramas entging Prahlad einigen Strafen und Anschlägen seines Vaters. Hiranya Kashipus Schwester Holika, die sich für unverwundbar hielt, bot sich an, den Neffen auf ihren Schoß zu nehmen, sich zusammen mit ihm auf einen Scheiterhaufen zu setzen und somit Prahlad lebend zu verbrennen. Der König musste nun mit ansehen, wie Holika verbrannte und Prahlad unverletzt blieb.

Eine weitere Erzählung verbindet das Holi-Fest mit Krishnas Vernichtung der Menschenfresserin Putana, die von vielen symbolisch als Winterszeit angesehen wird. Hier wird der jahreszeitliche Ursprung des Festes angesprochen. Als Krishna noch ein Kleinkind war, befahl sein Onkel Kansa, der König von Mathura, alle Kinder in seinem Reich umzubringen, mit dem Ziel, damit auch Krishna zu töten. Kansas Verbündete, die Dämonin Putana, nahm Menschengestalt an und saugte das Leben aus vielen Kindern. Aber das Kleinkind Krishna erkannte sie als Dämonin, saugte seinerseits ihr Blut aus und vernichtete sie. Im Tod und der Verbrennung der Dämonin sehen viele Inder das Ende des Winters. In Mathura und Vrindavan, der Heimat von Krishna, wird Holi besonders prächtig und farbenfroh gefeiert.

Pushkar Mela
Kamele und ein Lotossee

Kamelbasar in Pushkar

Wer als Reisender aus Zeitmangel nur ein einziges indisches Fest besuchen kann und nach einem Ort sucht, wo die Legenden des alten Indien in einer authentischen Atmosphäre wieder erstehen, der wird in Pushkar in Rajasthan alles finden, was er sich wünscht. Die Pushkar Mela findet um die Vollmondzeit von *Karthik Purnima* statt (Oktober/November), und es gibt kein weiteres alljährliches Fest in Indien, das auf Besucher – wie auch auf die Einheimischen – derartig große Anziehungskraft ausübt. In einer extra für Gäste errichteten Zeltstadt am Rande von Pushkar untergebracht, taucht der Besucher fünf Tage lang in einen Karneval der Sinne ein: gelb-rot leuchtende Saris und Turbane, getragen von reizvollen, manchmal verwegenen Gestalten, glitzernder Silber-Schmuck, Gefäße und Waffen wie aus 1001 Nacht, zehntausende Viehzüchter und mit ihnen ganze Heerscharen von Kamelen, traumhafte Sonnenuntergänge, exotische Darbietungen der Komödianten, Schausteller, Reiter, Tänzer, Musiker und Mystiker, die üppigen Auslagen der Kunsthandwerker und Teppichverkäufer, schließlich auch die inbrünstigen Gebete und Gesänge der vielen Pilger und Priester – ein großes, rauschendes Fest; Stunden und Tage vergehen wie im Flug.

Pushkar ist an normalen Tagen ein schläfriges Städtchen, um einen heiligen See gelegen, malerisch in ein Tal eingebettet und von sanften Hügeln und Bergrücken umgeben. Pushkar bedeutet Lotosblüte, und es hat seinen Namen nach der mythischen Entstehungsgeschichte des Sees. Auf der Suche nach einem ruhigen Meditationsort hatte hier der Schöpfergott Brahma, so steht es in der *Padma Purana*, eine Lotosblüte fallen gelassen, und an der Stelle sprudelte aus der Erde Wasser hervor, es formte sich ein See. Pushkar ist eines der heiligsten Pilgerziele der Hindus, so wichtig wie die Shiva- und Ganges-Stadt Benares oder Haridvar, wie der Welten- und Urberg Kailash am Manasarovar-See in Tibet oder die Küstenstadt Puri in Orissa im Osten, wie der Ramesvaram-Tempel an der Südspitze des Subkontinents oder der Dwarka-Tempel im Westen, am Arabischen Meer. Pushkar ist der einzige Ort in Indien, an dem die Gläubigen Brahma ganz allein verehren: Besonders anlässlich des Vollmonds zu *Karthik Purnima* – man bringt dem vielgesichtigen Universalgott ein Opfer in Form von Blumen und Kokosmilch, und mit einem Bad im Lotossee kann man sich von den Sünden reinwaschen. Hier, so die heiligen Schriften, kommt der Gläubige dem Himmel Brahmas mit Riesenschritten näher.

Die Geschichte Pushkars ist wechselvoll und geht weit zurück. In der *Agni Purana* (ca. 8. bis 10. Jhd. n. Chr.) wird berichtet, dass Brahma hier mit vielen Asketen, Erleuchteten und Göttern lebt. Aber schon in den großen Epen des *Mahabharata* und *Ramayana*, die mehrere hundert Jahre v. Chr. verfasst wurden, wird Pushkar von den großen Helden besucht und verehrt. Die berühmte Liebesgeschichte von Shakuntala, die der Dichter Kalidasa im vierten Jahrhundert n. Chr beschrieben hat und die auch Goethe begeisterte, soll sich auch in einem nahe gelegenen Wald zugetragen haben.

Früher standen viele Hindu-Tempel um den See, aber der streng islam-gläubige Mogul-Kaiser Aurangzeb machte sie im 17. Jahrhundert alle dem Erdboden gleich. Dies hinderte die Gläubigen nicht daran, Tempelanlagen und Ufertreppen in den folgenden zwei Jahrhunderten wieder aufzubauen. Das Brahma-Heiligtum am Ende des Sees ist heute der einzige Tempel in Indien, in dem der Schöpfergott Brahma noch angebetet wird. Er wurde von Gokal Parik, dem Minister des Maharadjas von Gwalior, Anfang des 19. Jahrhunderts erbaut.

Vielleicht sind es die vielen Gebete, die hier Millionen von Menschen über Jahrhunderte hinweg gesprochen haben, oder die vielen Seher und Weisen, die hier lebten, vielleicht ist es aber auch schlichtweg die beschwerliche Reise oder die lähmende Hitze: Manche Reisende, die diesen Ort außerhalb der Pushkar Mela besuchten, erzählen von einem Gefühl der Verlangsamung, dass sie als angenehm verspürten, dass an diesem Ort die Zeit ein anderes Maß habe und dass sie gerne länger bleiben wollten, als sie es ursprünglich vorgehabt hatten. Die stillen Gassen um den See, die getragenen Gesänge aus den Tempeln, die über das Wasser wehen, die einfachen, aber geräumigen Hotelzimmer mit Balkon und Seeblick, die man in einem umfunktionierten Maharadja-Palast beziehen kann und die einen grandiosen Ausblick auf das allabendliche Schauspiel der unvergleichlichen Sonnenuntergänge bieten – der Ort lädt zum Verweilen, zur Kontemplation und zum Rückzug ein, ähnlich einem Besuch im Kloster.

Zur Zeit der Pushkar Mela aber sieht alles völlig anders aus, es herrscht quirlige Aktivität und Fröhlichkeit. Die Begeisterung der Menschen an den Kamelrennen und wilden Reiterspielen erinnert an das mittelalterliche Indien und an die Geschichte der stolzen Rajputen, Söhne der Könige, wie sie sich nannten, deren Stämme und Dynastien in dieser Gegend beheimatet waren. Man vermutet, dass die Rajputen ursprünglich zu Sippen gehörten, die im Zuge der Hunneneinfälle (5./6. Jhd.) über das heutige Pakistan und den Punjab ins westliche Indien gekommen waren, sich mit ansässigen Stämmen in Gujarat vermischten, in der Landwirtschaft und Bewässerung erfolgreich siedelten und sich unter dem Gurjara-Pratihara-Reich (550–861) über weite Teile Nordindiens ausdehnten.

Die Rajputen waren Krieger mit ritterlicher Hofhaltung, die besonders auf rituelle Reinheit und die Kastengesetze achteten, die aus ihren schwer einnehmbaren Burgen über weites Land blickten und durch Heiratsbeziehungen mächtige, verflochtene Clans und bedeutende regionale Königreiche gebildet hatten. Sie entwickelten eine homogene Kultur, die sich sehr deutlich von anderen Regionen Indiens unterscheidet, und hatten über das ganze Mittelalter einen so bedeutenden Einfluss auf die Entwicklung Nordindiens, dass man in der wissenschaftlichen Literatur von einer ›Rajputisierung‹ Indiens spricht. Rajputen-Fürsten gründeten Delhi (Dhillika, 736 n. Chr.), bewährten sich im Kampf gegen die einfallenden Araber und das Delhi-Sultanat (13.–16. Jhd.); sie erlebten eine Renaissance unter den Mogul-Kaisern (ab dem 16. Jhd.), als am kaiserlichen Hof zahlreiche Angehörige der großen Rajputenfamilien als Provinzgouverneure und Generäle in höchste Ämter aufstiegen und sich somit Macht und Ansehen unter einer vom Islam geprägten Herrschaft erwarben. Im Bereich der Tempelarchitektur und Plastik sind die weltberühmten 25 (Liebes-)Tempel von Khajuraho, gebaut in der Zeit der Rajputen-Dynastie der Candellas (10./11. Jhd.), ein herausragendes Beispiel für die prägenden kulturellen Leistungen der Rajputen.

Spätes Sonnenlicht hinter der Pushkar Mela, ein Meer wogender Schattenrisse von Kamelrücken, Turbanen, Frauengestalten. Aus einer Richtung hört man den lockenden Rhythmus der Trommeln, aus einer anderen die sehnsüchtig-klagende Melodie einer Schenai. Für die Rajasthanis aus den Dörfern hat sich der Tag gelohnt. Kamele haben die Besitzer gewechselt, und auch die Frauen konnten Schmuck und Decken für gutes Geld verkaufen; die Reise war erfolgreich. Es ist Zeit zu feiern. Bis tief in die Nacht hinein werden die erschöpften Besucher im Zelt vom Wüstenwind und von Musik und Stimmen wach gehalten.

Baisakhi
Die Botschaft des Guru

Bhangra-Tanzgruppe in einem Weizenfeld im Punjab

Baisakhi (auch Vaisakhi) ist ein Erntedankfest, das im Norden Indiens gefeiert wird. Es findet im Frühling statt, meistens am 13. April (in manchen Jahren auch am 14. April), kurz vor dem Beginn der Weizenernte. Vor allem im Provinzstaat Punjab, der Kornkammer Indiens, ist es ein sehr wichtiges Datum, das die Bauern mit traditionellen Volkstänzen *(Bhangra)* und Gesängen begehen und ausgelassen ihrer Freude Ausdruck verleihen, nicht allein über eine gelungene Weizensaison. Sie feiern auch den offiziellen Beginn des neuen Jahres.

Traditionelle Bhangratänzer sind junge Männer, die in phantasievollen bunten Kleidern und zum animierenden Rhythmus eines Trommlers in ihrer Mitte die Arme im Takt hochwerfen, zusammen, Seite an Seite, einige Schritte vor und zurück tanzen und dabei aufmunternd ins Publikum lachen. Diese Vorführungen finden vielerorts statt, und da zu dieser Jahreszeit die Temperaturen bereits an die 40 Grad im Schatten heranreichen, stellt man in den Dörfern für das Publikum große Zelte bereit. Seit einigen Jahren zeigen die Veranstaltungen zu Baisakhi nicht nur traditionelles, sondern ein bunt gemischtes Programm. Neben lokalen Rockgruppen mit imposanten Verstärkeranlagen sind auch Solosänger verschiedenster musikalischer Richtungen zu hören. Es werden Wettbewerbe um den Preis für die beste Vorführung veranstaltet. Der Andrang zu diesen Veranstaltungen ist sehr groß, und jede Darbietung, und sei sie noch so ohrenbetäubend, wird vom Publikum begeistert aufgenommen. Die Stimmung ist fröhlich und mitreißend, doch beim genauen Hinsehen lassen die stoischen Gesichter der Turban tragenden älteren Sikhs erkennen, dass eine solche Feier auch zur Tortur werden kann, denn mittags wird die Luft in den Zelten heiß wie in einem Backofen.

Der Punjab ist das Kernland der Sikhs, und Baisakhi hat für sie noch eine ganze Reihe anderer Bedeutungen, die für die Geschichte ihrer Religion sehr entscheidend waren. Es ist überliefert, dass der Gründer der Sikh-Religion, Guru Nanak, sich am Tag von Baisakhi entschlossen hatte, seine ausgedehnten Missionsreisen (Beginn des 16. Jhd.) durch das Land zu beginnen. Und Guru Amar Das (2. Hälfte des 16. Jhd.), das dritte Oberhaupt der Sikhs, hatte seinen Schülern aufgetragen, Baisakhi als das typische Fest der Sikhs zu feiern, natürlich auch um sich von anderen Religionen zu unterscheiden. Eine ganz neue Qualität aber erfuhr das Fest durch Guru Gobind Singh, den zehnten Guru, im Jahr 1699: Es wurde der legendäre Geburtstag der Sikh Khalsa.

Guru Gobind Singh hatte seine über ganz Indien verstreuten Anhänger zu einer Zusammenkunft herbeigerufen. Am Baisakhi-Tag 1699 waren mehr als eintausend Sikhs in der Stadt Anandpur (übersetzt: Stadt der Seligkeit) versammelt. Nach einem Morgengebet vor Sonnenaufgang hielt der Guru eine Ansprache. Man hörte ihm aufmerksam zu. Guru Gobind Singh war beliebt, weil er sich für Unterdrückte und Hilfsbedürftige eingesetzt hatte. Umso verblüffender muss es für alle gewesen sein, als er plötzlich sein Schwert zog und ein Menschenopfer forderte, das Leben eines Sikhs, der bereit war für seinen Glauben zu sterben. Schweigen und Ratlosigkeit senkte sich über die Versammelten. Nach langem Zögern meldete sich ein Mann, Daya Ram. Er wurde in ein Zelt an der Seite geführt, die Anwesenden hörten einen Schwertstreich und Guru Gobind Singh trat mit bluttriefendem Schwert vor die Gemeinschaft. Er verlangte den Kopf eines weiteren Sikhs. Betroffenheit machte sich unter den Versammelten breit. Aber wieder erhob sich ein Märtyrer, Bharam Das war sein Name und auch er folgte dem Guru ins Zelt. Dieser Vorgang wiederholte sich insgesamt fünf Mal.

Schließlich trat der Guru überraschend mit allen fünf unversehrt gebliebenen und jetzt identisch gekleideten Männern vor das Zelt und die Menge. Die Schwertstreiche hatten nur Ziegen getötet. Die Legende erzählt, dass die Namen der fünf Männer Freundlichkeit, Gerechtigkeit, Mut, Durchhaltevermögen und Führungsqualitäten bedeuteten, Werte, die Sikhs bewundern und die sie sich aneignen sollen.

Guru Gobind Singh taufte dann die fünf Erwählten mit einem speziellen Nektar-Trank *Amrit*, der zuvor in einer eisernen Schale zubereitet und in der Zucker mit einem doppelseitigen Dolch *(Kirpan)* und unter Rezitieren von heiligen Schriften *(Gurbani)* umgerührt worden war. Im weiteren Verlauf ließ sich der Guru selbst von den Getauften taufen. So entstand die Bruderschaft der Khalsa, der Reinen. Durch die Initiation und das Taufzeremoniell *(Khande di Pahul*, auch *Amrit Samchar)* war eine demokratische Gemeinschaft gegründet worden, in der der Guru und seine Sikh-Anhänger gleichberechtigte Partner sind, in der Klassen- und Kastenschranken gefallen waren.

Nach der Taufe forderte Gobind Singh alle männlichen Mitglieder der Khalsa auf, den Familiennamen Singh anzunehmen (was Löwe bedeutet) und alle Frauen den Namen Kaur (Prinzessin). Die Mitglieder der Khalsa befolgen auch Gobind Singhs Kleidervorschrift, die ›fünf Ks‹, die sie bis heute deutlich von Mitgliedern anderer Religionen unterscheidet: Sie schneiden weder Haare noch Bart *(Kesh)*, stecken ihre Haare mit einem Kamm zusammen *(Kangha)*, tragen knielange Shorts *(Kaccha)*, einen Eisenarmreif am rechten Handgelenk *(Kara)* und einen Dolch mit sich *(Kirpan)*.

Damit waren die Sikhs aufgefordert, ihre Religion zu verteidigen und sich sichtbar mit ihr zu identifizieren. Allerdings sind heute Shorts und Säbel nur bei feierlichen Anlässen zu sehen, und die langen Haare verbergen sich ohnehin im Sikh-Turban.

Guru Gobind Singh bestimmte keinen Nachfolger für sein Amt, sondern erhob die heilige Schrift der Sikhs, das so genannte *Guru Granth Sahib*, zum Guru und somit zur höchsten Autorität der Sikhs.

Guru Arjan Dev (1581–1606), Führer der Sikhs und sehr produktiver Dichter und Komponist, stellte die erste Version des *Adi Granth* oder *Guru Granth* zusammen, wobei er selbst den größten Teil der Hymnen komponierte. Seine bekannteste Kompostion ist die *Sukhmani*, die Hymne des Friedens, die bei Sikh-Begräbnissen gesungen wird. Guru Arjan Dev ist auch der Erbauer des Goldenen Tempels und des großen Wasserbeckens, welches diesen umgibt. Die Schrift *Guru Granth Sahib* wird an diesem heiligsten Ort der Sikhs, im Goldenen Tempel *(Harimandir Sahib)* von Amritsar aufbewahrt. Der Tempelname rührt von den vergoldeten Kupferplatten her, mit denen er gedeckt ist.

Ein Besuch im Goldenen Tempel ist zu jeder Zeit empfehlenswert, aber zur Zeit des Baisakhi-Festes lohnt er sich besonders. Ein nicht endender Strom von Sikhs und sonstigen Besuchern bewegt sich im Tempel. An alle Besucher werden

Massenfertigung von Fladenbrot *(chapatis)* für das Baisakhi-Fest im Goldenen Tempel von Amritsar

freies Essen *(langar)* und Süßigkeiten verteilt, die in den Wirtschafträumen des Tempels zuvor zubereitet wurden. 300.000 Besucher werden jedes Jahr an Baisakhi erwartet, und man kann beobachten, wie auf großen Herdplatten ganze Türme von Fladenbrot *(chapatis)* hergestellt werden.

Zur Abendzeit verleihen Hunderte elektrische Glühbirnen dem Gold des Tempels einen märchenhaften Glanz. In seinen Spiegelungen im Wasserbecken scheint das Tempelgebäude zu schweben. Die melancholisch wirkenden, von einem Harmonium begleiteten religiösen Hymnen aus dem *Guru Granth Sahib*, die bei solchen Anlässen 48 Stunden lang von Anfang bis Ende gesungen werden, tragen eine feierliche Stimmung bis in die entferntesten Winkel des weitläufigen Tempels. Man kommt nicht umhin, sich von dieser besonderen Atmosphäre berührt und ergriffen zu fühlen.

Licht und Schatten im Dschungel der Städte

In einer Gasse am Saveri-Basar, Mumbai

oben Rikschafahrer am frühen Morgen, Kolkata
rechts Morgens in einer Gasse von Kolkata

Abends am Hooghly-Fluss, Kolkata

oben Straßenverkäufer in Hyderabad (Andhra Pradesh)
links Abend am Charminar, Hyderabad

oben Passant in Cochin (Kerala)
rechts Fahrradrikschas und Passanten nach einem Monsunregen, Varanasi
S. 114/115 Am Marine-Drive, Mumbai

Straßen-Uhrmacher,
Delhi

Eine Muslima mit Kind

Schlafender Muslim an der Jama Masjid Moschee, Delhi

Töpferwerkstatt, Akalkot (Maharashtra)

Auf der Straße, Kolkata

In den Gassen von Akalkot

AJANTA
CIRCUS
HOWRAH MAIDAN

SAP
কুন্তলিকা

oben Straßenbewohner, Kolkata
links Straßenbewohner, Colaba, Mumbai
S.126/127 Straße in der Nähe der Howrah-Brücke, Kolkata

Arbeitssuchende auf einer Baustelle, Neu-Delhi

Dämmerung auf der Howrah-Brücke von Kolkata

Ringer beim morgendlichen Krafttraining, Kolkata

oben Bettlerin, Alt-Delhi
rechts Zwei indische Berühmtheiten – Dr. Bhimrao Ambedkar, der erste Minister aus der Kaste der Unberührbaren, sowie Mutter Teresa – neben Hammer und Sichel, Kolkata

4, KORA BARDAR LANE
CALCUTTA -
A PROJECT OF EMMANUEL MINISTRIES CALCUTTA
FREE MEDICAL CLINIC
EVERY - MONDAY - 1-30 P.M.-3-30 P.M.
THURSDAY - 2 P.M.-4 P.M.
AND
MOTHER TERESA
TALTOLA P.S
MOTHER TERESA

oben Slumsiedlung vor dem Parlamentssitz der Provinzregierung von Maharashtra in Nariman-Point, Mumbai
S.138/139 Slumbehausung im Stadtteil Colaba, Mumbai

Vor dem Eingang des Haji Ali Tomb, Mumbai

R.C.C.
GO SLOW
WORK IN PROGRESS

oben Arbeitslose in einem Slumgebiet von Colaba, Mumbai
links Straßenbaustelle, Mumbai

Straßenleben in Mumbai

Balkon, Mumbai

Schneidergeschäft, Delhi

Vor einem Spielzeuggeschäft

oben Garküche in Delhi
S.148/149 Kolonialarchitektur in Mumbai

Der Victoria-Bahnhof in Mumbai

EDITS : COURLESY COLUMBIA FILMS

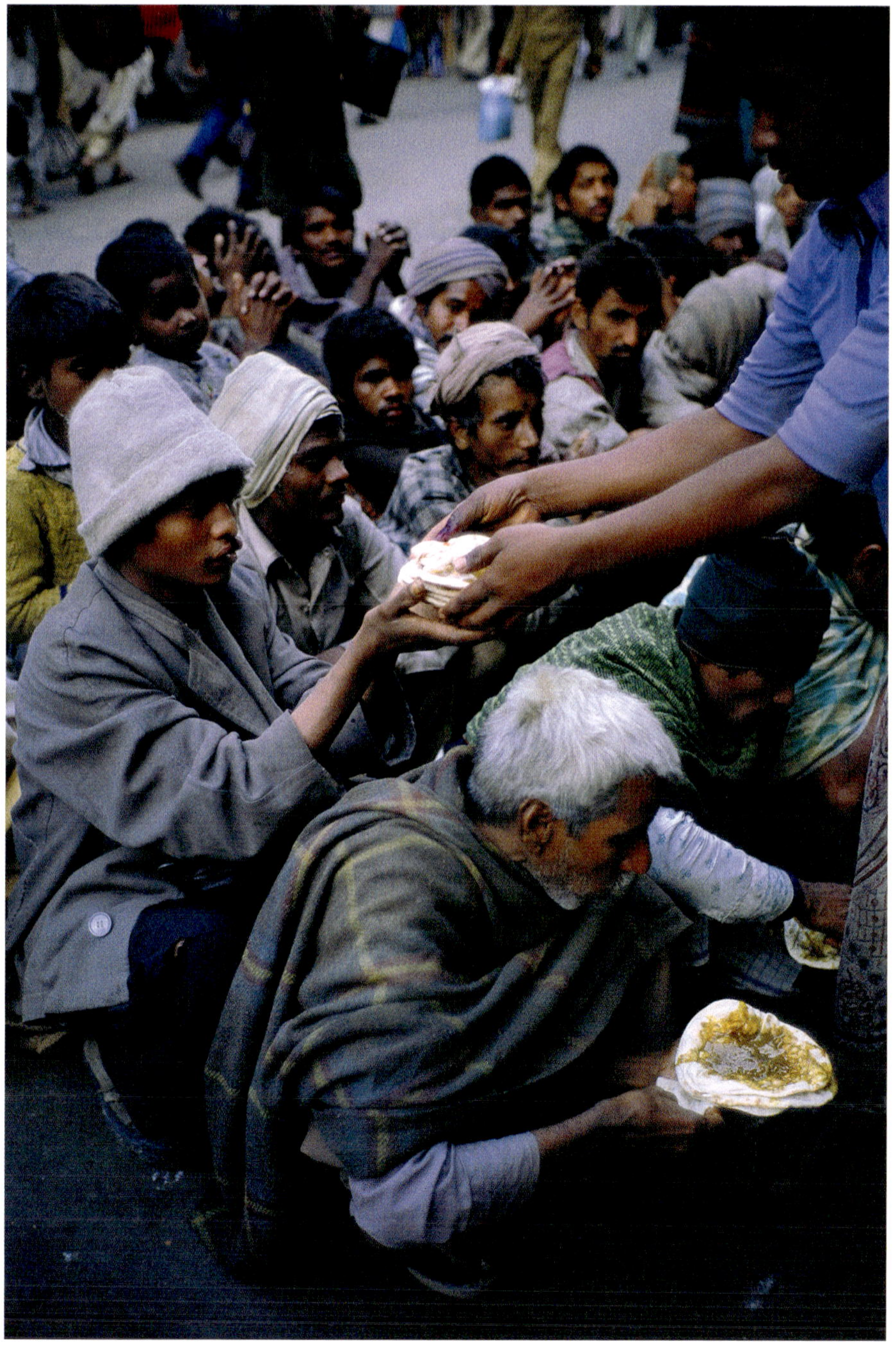

oben Abendliche Essensgabe eines Restaurantinhabers an Bedürftige, Mumbai
links Passantin vor einem Gandhi-Plakat im Stadtteil Kala Goda, Mumbai

Seilkunststück auf dem Maidan, Kolkata

white

oben In der Nähe des Königspalastes von Kathmandu (Nepal)
links Straßenecke in Kathmandu (Nepal)

Paar in Bhaktapur (Nepal)

Vater und Sohn in Puri (Orissa)

Bei einem Markt in Kathmandu (Nepal)

Chinesische Restaurants in Kolkata

Eine Bar in Bangalore

Plakate in Kolkata

Garküchen in der Dacres Lane, Kolkata

Kind in Kathmandu
(Nepal)

Die Religionen Indiens

Hinduismus

In Indien leben etwa 850 Millionen Menschen, die sich der Religion des Hinduismus zugehörig fühlen. Zusammen mit den Hindus der Nachbarstaaten Nepal und Pakistan, Burma und Indonesien sowie den in Übersee lebenden Indern dürfte ihre Zahl weltweit rund eine Milliarde betragen. Sie praktizieren eine sehr vielgestaltige Religion, die noch dazu zahlreiche regionale Eigenheiten kennt. Bei den Begriffen Hindu und Hinduismus handelt es sich ursprünglich um Fremdwörter, die von den antiken Griechen und muslimischen Eroberern als Bezeichnungen für die Bewohner des Indus-Flussgebietes (heutiges Pakistan) gebraucht wurden. Die Hindus bezeichnen ihre Religion als *Sanatana dharma*, als die ewige Religion, und das Land Indien heißt bei ihnen Bharat.

Die gelebte Religion

Der Hinduismus ist eine der ältesten Religionen, die neben komplexen Ritualen, Opferhandlungen und religiösen Praktiken auch hoch entwickelte philosophische Systeme und metaphysische Konzepte ausgebildet hat. Eine der Schwierigkeiten, den Hinduismus zu verstehen, liegt darin, dass er sich im Gegensatz zu anderen Religionen weder auf ein verbindliches Dogma noch auf einen Religionsstifter beruft. Somit entzieht sich der Hinduismus für unser Empfinden einer eindeutigen Auslegung. Selbst für viele Inder ist er voller Widersprüche und Rätsel. Ob z.B. der einzelne Gläubige mehrere Götter verehrt oder nur einen einzigen, oder ob er von einer anderen Betrachtungsebene aus die Existenz eines Gottes gänzlich verneint, entspricht letztlich mehr den persönlichen Ansichten der Gläubigen als einer eindeutigen religiösen Vorgabe. Vieles ist möglich. Der Hinduismus leitet freilich nicht zu einem Leben nach eigenem Ermessen an, sondern legt die Vielseitigkeit seiner religiösen Praxis in einer streng festgelegten sozialen Ordnung, dem Kastenwesen, fest. Es handelt sich dabei um eine Hierarchie, eine sakrale Ordnung, in die man hineingeboren wird und die viel moralisches Verhalten vorgibt. Hindu zu sein bedeutet, die Vorschriften der Ehe, der Haushaltsführung, der Ernährung sowie die Vielzahl von Riten und Reinheitsgeboten zu befolgen. Als Hindu muss man geboren werden. Es ist unmöglich, aus Überzeugung zum Hinduismus zu konvertieren.

links Vor einem Hauseingang, Alt-Delhi

Geschichte – Indus-Zivilisation und Arier

Ausgrabungen und Schriften belegen, dass es zwei Wurzeln des Hinduismus gibt, die im Laufe der Zeit zu einer Religion wurden. Die eine Richtung geht auf die frühe Indus-Zivilisation zurück, eine sozial hoch entwickelte matriarchalische Kultur, in der die Verehrung weiblicher Gottheiten, Fruchtbarkeitskulte, heilige Tiere und Bildsymbole eine wichtige Rolle spielten (z.B. Phallusverehrung, Hakenkreuz als Sonnenrad). Diese Menschen arbeiteten als Pflugbauern und lebten bereits in Städten.

In ihre Siedlungsgebiete drangen ab ca. 2500 v. Chr. vom Norden her zunehmend nomadisierende Hirtenkrieger mit einer patriarchalischen Gesellschaftsform ein, die sich Arier nannten. Sie brachten ihre eigene Religion mit und unterwarfen die Bewohner der Indus-Zivilisation. Ihr Glaube brachte die zweite Wurzel und einen klar erkennbaren Unterschied zu allen anderen Religionen. Zwar hatten diese Arier auch ihre Naturgötter wie Surya, die Sonne, Indra, den Donner und Regen, Agni, das Feuer, und Varuna, den Herrscher der Nacht und Hüter von Wahrheit und Recht, sowie Yama, den Todesgott. Anders aber war, dass diese Hauptgötter, die in den Schriften der *Veda* (= Wissen), besonders in den ersten heiligen Hymnen der *Rigveda*, beschrieben sind, als Beschützer eines allumfassenden, ewigen Weltgesetzes, des so genannten *Dharma*, auftraten. Die Arier sahen den Kosmos und alles Leben darin als ein geordnetes Ganzes, das sich in ständiger Bewegung zwischen Erneuerung und Vergehen befindet und weder Anfang noch Ende kennt.

Seele und *Karma*

Der fundamentale Gedanke hinduistischen Glaubens besteht in der Annahme, dass alle Lebewesen eine Seele haben und innerhalb des *Dharma* an einen Kreislauf von Wiedergeburten gebunden sind. Alle Lebewesen sind im Prinzip gleich. Sie unterscheiden sich aber durch ihr *Karma*, welches die Summe ihrer Taten im letzten Leben bedeutet. Das *Karma* legt somit fest, ob die Seele als Mensch, Tier oder Pflanze wiedergeboren wird oder in eine höhere oder niedere Kaste (*Varna*) der Hindu-Gesellschaft übertritt. *Karma* bezieht sich auf den Glauben des Zusammenhangs von Ursache und Wirkung: Wer gut handelt, denkt und spricht, wird Positives ernten, während schlimme Taten, Gedanken und Worte Negatives hervorbringen. *Karma* hat verschiedene Aspekte. Während die Geburt in eine bestimmte Familie eindeutig durch frühere Leben vorbestimmt und unabänderlich ist, können sich individuelle Eigenschaften und Begabungen im Laufe des Lebens verändern. So kann eine richtige Handlungsweise auch im jetzigen Leben positive Ergebnisse zeigen.

Erlösung als Zielvorstellung

Wegen der Leiderfahrungen, die jedes Leben zwangsläufig mit sich bringt, wie beispielsweise Krankheiten und das Altern, wird eine Wiedergeburt jedoch generell als unerwünscht angesehen. Aus diesem Grund ist das Streben der Seele nach einer Loslösung aus dem Zyklus der Seelenwanderung das zentrale Anliegen hinduistischen Denkens. Der Mensch wird so oft wiedergeboren, bis er durch Bemühen um Erkenntnis, gute Taten oder religiöse Verehrung zur Erlösung gelangt. Das Ziel heißt *Moksha*, was ›Befreiung‹ oder ›Erlösung‹ bedeutet. Es kann auf verschiedene Weise erreicht werden.

Der asketische Weg wird von den Hindus sicherlich am meisten bewundert: Gläubige ziehen sich aus den Alltagszwängen zur Meditation und Kontemplation zurück und suchen in Abgeschiedenheit mittels Körper- und Konzentrationsübungen (z. B. Yoga) ein mystisches Erlebnis.

Für die Lebensbedingungen der meisten Hindus ist dieser Weg allerdings kaum geeignet. Erlösung können Gläubige deshalb auch bei zwei weiteren Richtungen der hinduistischen Tradition finden: einmal über den Weg der Aktivität und des selbstlosen Handels *(Karma marga)* und zum anderen über den Weg der Götteranbetung und -verehrung *(Bakhti marga)*. Der volkstümliche Hinduismus kennt eine unendliche Vielzahl von Göttern und Heiligen, die ein ganzes Kaleidoskop von Eigenschaften verkörpern. Sie verfügen über spezielle Machtattribute, um den Menschen zu helfen. Bei vielen Festen geht es um die Anrufung dieser göttlichen Fähigkeiten.

Göttlichkeit wird auch in der Natur gesehen. Die heiligen Kühe Indiens werden wegen ihrer freundlichen Gesinnung verehrt und weil ihre Milch nährt und der getrocknete Dung Brennmaterial liefert. Andere Tiere, wie die Schlange oder der Stier, sind den Göttern zugeordnet und transportieren sie, oder sie fungieren als ihre Stellvertreter. Die Berge des Himalaya oder Flüsse wie der Ganges, der Banyan- oder Feigenbaum, können Wohnorte der Götter sein oder eine eigenständige Gottheit mit besonderen Qualitäten repräsentieren.

Die heiligen Schriften der Veden

Die Quelle dieser Weltanschauung sind die heiligen Schriften des Hinduismus, die schon erwähnten Veden: eine gewaltige Textsammlung von Sprüchen und Liedern. Sie sind in der Gelehrtensprache Sanskrit verfasst und setzen sich aus vier Teilen zusammen. Inklusive ihrer Ergänzungen und Kommentare sind diese Schriften von ca. 1500 v. Chr. an über einen Zeitraum von mehr als zweieinhalb Jahrtausenden entstanden. Sie gelten als *Shruti*, als übermenschliche Offenbarung, und wurden von Weisen und Sehern übermittelt.

In Tausenden von Hymnen beschäftigen sie sich mit verschiedenartigen Schöpfungsmythen, der Anrufung der Götter durch die elementaren Opferhandlungen und -texte, Zaubersprüchen, Heil- und Pflanzenkunde und einer hierarchischen Einteilung der Götter. Auch spekulative Kommentare und philosophische Betrachtungen sind Bestandteile dieser Textsammlung (so etwa die *Upanishaden*, die um das 5. Jahrhundert v. Chr. entstanden).

Für das Verständnis der Feste Indiens ist noch eine weitere Gruppe von Schriften wichtig, die heilige Überlieferung, *Smriti* genannt. Sie beruht auf Erinnerung und wurde von Generation zu Generation weitergegeben. Für alle Wissensgebiete und Fragen des Lebens finden sich hier Leitfäden, so genannte *Sutras*. Auch das im Westen so populäre *Kama sutra*, Leitfaden der Liebe (ca. 2. Jhd. n. Chr.) gehört dazu. Des Weiteren gibt es Lehrbücher, *Shastras*. Aber die Schriftensammlung umfasst insbesondere zwei berühmte Epen, *Mahabharata* und *Ramayana* (entstanden ca. 600–200 v. Chr.), die aus einer Mischung lehrhafter und unterhaltsamer Erzählungen bestehen. Beide Epen erfreuen sich auch heute noch größter Beliebtheit. Ihre Verfilmungen und Aufführungen im indischen Film, Fernsehen und Theater sind noch immer ein Hit.

Das immer wieder auftauchende Grundthema aller Schriften ist die Spannung zwischen Schöpfung und Zerstörung: Chaos, Ordnung, Rückfall ins Chaos. Indisches Denken kreist um dieses zyklische Grundmuster des ewig gleichen Zeitgeschehens, dessen Erlebnis aber als unheilvoll angesehen wird, da es immer wieder den Tod bringt. Wichtiges Thema ist dabei noch der Begriff der Täuschung, *Maya,* der bei den Hindus bedeutet, dass die Dinge anders scheinen als sie sind.

Das Heilversprechen liegt im Heraustreten aus diesen Lebensgesetzen durch Ruhe, Meditation, Entsagung und Zeitlosigkeit. Letztlich ist es der in Indien so bewunderte Weg der Askese.

Während der Grundton in den alten Schriften sehr lebensbejahend ist und von Weltflucht keine Rede ist, wird in den jüngeren Schriften Müdigkeit spürbar, und das Thema der Weltentsagung tritt mehr in den Vordergrund. Der Hinduismus hat noch die Besonderheit, dass die vielen Mythen und religiösen Richtungen gleichberechtigt nebeneinander stehen, also spätere Erkenntnisse das Frühere nicht verdrängen. Aus den Interpretationen der heiligen Schriften haben sich mehrere Schulen des orthodoxen Hinduismus gebildet, die, wie anfangs schon erwähnt, zum Teil sehr unterschiedliche Gottesanschauungen vertreten.

Die vier Weltzeitalter

Hindus denken in für das westliche Verständnis unvorstellbar großen Zeiträumen. Nach der *Yuga*-Lehre des Weltenkreislaufs, *Samsara,* des kontinuierlichen Prozesses von Schöpfung und Auflösung, an die alle Lebewesen gebunden sind, ist die Zeitrechnung in vier zyklische Weltperioden, *Yuga,* aufgeteilt, die zusammengerechnet ein Weltenalter oder *Mahayuga* ergeben.

Das erste *Yuga* weist sehr günstige Bedingungen auf, während die darauf folgenden in Abstufungen immer etwas schlechter werden. Wir leben aktuell im schlechtesten, ›kurzen‹ *Kali Yuga* von 432.000 Menschenjahren (davon sind ca. 5000 Jahre vergangen), dessen Eigenschaften als extrem dekadent und mit schlimmen sozialen und politischen Verhältnissen beschrieben werden. Besonders den Herrschern und Politikern wird Eitelkeit, Korruption, Ausbeutung sowie Kurzlebigkeit ihrer Macht zugeschrieben. Lüge und Arroganz haben Hochkonjunktur, und Geld hat Adel ersetzt. Das moralische und sittliche Verhalten der Menschen ist auf dem niedrigsten Niveau angelangt. Nur die Armen sind noch redlich. Es degeneriert alles dahin, bis zu einer Vision der Apokalypse (Gott Vishnu rettet aber noch die guten Menschen): Dürre, Feuer und Sintflut bringen die letztendliche Weltzerstörung. Nach einer zwischenzeitlichen Dämmer- und Ruheperiode – Vishnu ruht auf der kosmischen Riesenschlange – erwachen die Götter und die Schöpfung wieder, und der Weltenkreislauf beginnt mit dem Goldenen Zeitalter, *Krita Yuga* (1,728 Mio. Jahre), gefolgt vom Silbernen *Treta Yuga* (1,296 Mio. Jahre und vom Erzernen, *Dvapara Yuga* (864.000 Jahre), bis wieder das *Kali Yuga* folgt.

Das Ganze wiederholt sich mehr als 300 Billionen Mal in derselben Art, dann geht die Welt unter, auch die Götter. Nach einer Zwischenperiode ersteht sie aber wieder neu aus dem Wirken ihrer dynamischen Urmaterie.

Im Goldenen Zeitalter sind übrigens die heiligen Schriften der Veden nicht bekannt und auch nicht nötig, da alle Lebewesen gleichgestellt, zufrieden und optimistisch sind. Natur und Klima sind so günstig, dass die Menschen auf natürliche Weise leben können. Aber schon im darauf folgenden *Treta Yuga* verschlechtern sich die Bedingungen. Die Menschen brauchen Schutz, lernen deshalb Opferhandlungen und Götteranrufung, bis sich im *Dvapara Yuga* ihre negativen Charaktereigenschaften wie Habgier, Neid und Streitsucht entwickeln und die Götter (sowie Priester, Brahmanen) häufig gebraucht werden.

Das Kastensystem

In der ältesten Schrift, der *Rigveda,* wird erzählt, dass die Menschen und alle anderen Wesen aus der Opferung des Urwesens Purusha hervorgegangen sind. Schon hier beginnt die Einteilung der Idealgesellschaft in die vier Hauptkasten: Die höchste Kaste, die Brahmanen und Priester, entspringt dem Mund Purushas. Die Kshatrijas, die Krieger, entstammen seinen Armen und dem Rumpf. An dritter Stelle stehen die Handel und Kunsthandwerk treibenden Vaishjas, welche aus den Schenkeln hervorgegangen sind. Schließlich kommen als vierte Kaste die Shudras, die Bauern und Diener, die den Füßen zugeschrieben werden.

Während dies zunächst nur eine Klasseneinteilung der Gesellschaft vorgab, wie sie in fast allen Kulturen zu finden ist, so entwickelte sich das Kastensystem in Indien zu einer diskriminierenden Berufs- und Rassentrennung. Diese Entwicklung steht in engem Zusammenhang mit den hinduistischen Vorstellungen von Reinheit und Unreinheit und findet vermutlich in einer rassischen Überlebensstrategie ihren Ursprung.

Nachdem die Arier vom Indusgebiet aus ganz Nordindien erobert hatten, fürchteten sie eine Vermischung mit den ursprünglichen Bewohnern Indiens. Die Drawiden verfügten über eine eigenständige hoch entwickelte Kultur und waren den Eindringlingen auch zahlenmäßig überlegen.

Im Laufe ihrer Ansiedelung – die auch die Übernahme der Kultur der drawidischen Dorfgemeinschaft bedeutete, heute noch für das Leben der meisten Inder bestimmend – führten die Arier als gegensteuernde Maßnahmen strenge Kasten- und Heiratsregeln ein. So waren z.B. die drei oberen Kasten nur für die hellhäutigen Arier vorgesehen, und nur sie waren zum Studium bzw. zur Anhörung der Veden berechtigt.

Die drawidische Bevölkerung hatte eine sehr viel dunklere Hautfarbe als die Arier, und dieses Merkmal wurde als Unreinheit gebrandmarkt. So durften Drawiden beispielsweise weder Tempel betreten noch Brunnen benutzen. Darüber hinaus waren ihnen nur solche Dienstleistungs- und Handwerksberufe zugänglich, die als minderwertig angesehen wurden – wie etwa Reinigungsarbeiten, Barbier, Schmied oder Schuster.

Heute prägt den Alltag der Hindus ein Netzwerk von zwei- bis dreitausend Sub- und Nebenkasten, die sich nach der beruflichen Tätigkeit und Reinheitsnormen der Religion gliedern. Hindus sind im Prinzip zeit ihres Lebens an die Kaste ihrer Geburt gebunden. Allerdings ist im modernen, immer stärker urbanisierten Indien der Wert der Kasteneinteilung nur noch bedingt relevant, da die Mehrzahl der Berufe in den modernen Wirtschaftszweigen kastenunabhängig ist. Auch reiche und politisch mächtige Hindus aus niedrigen Kasten sind, wenn sie erfolgreich sind, mittlerweile gesellschaftlich hoch angesehen.

Die Kastenlosen, Parias, werden auch ›die Unberührbaren‹ genannt, da sie als besonders unrein gelten. Wahrscheinlich waren sie ehemals Sklaven und fristeten in der Gesellschaft Indiens über Jahrhunderte hinweg ein besonders aussichtsloses Dasein. Dafür wurde Indiens Sozialsystem international lange und heftig kritisiert. Mahatma Gandhi, der Vater der indischen Nation, der das Kastensystem als eine Fessel empfand, verbesserte durch seine sozial ausgewogene Einstellung die Situation der Parias wesentlich. Er nannte sie *Harijans,* die Kinder Gottes. Der selbst aus der Kaste der Unberührbaren stammende Verfassungspolitiker und Justizminister des ersten indischen Kabinetts nach der Unabhängigkeit Dr. Bhimrao Ambedkar erarbeitete 1947 das Gesetz, welches die Diskriminierung der Unberührbaren verbietet. 1997 schließlich wurde der frühere Journalist Kocheril R. Narayanan als erster Unberührbarer ins Amt des indischen Staasoberhauptes gewählt.

Bhimrao Ambedkar jedoch, enttäuscht über die dennoch nicht enden wollende Benachteiligung der Unberührbaren, verließ die Regierung bereits 1951 wieder und trat 1956 in einer spektakulären Aktion mit Hunderttausenden von Unberührbaren zum Buddhismus über – ein demonstrativer Aufruf für soziale Gerechtigkeit, der das Kastensystem anprangerte. Bis heute ist im Alltag Indiens die Diskriminierung der unteren Kasten keineswegs beseitigt.

Die Götter- und Legendenwelt der Hindus

Die männlichen Gottheiten

Auch die Götter wandelten sich im Laufe der Zeit, und die ursprünglichen Naturgötter der nomadisierenden Arier sind heute kaum mehr bekannt und werden nicht mehr angebetet. In hierarchischer Ordnung rückten neue Hauptgötter und -göttinnen an ihren Platz, vor allem die Götter-Dreigestalt, Trimurti, bestehend aus Brahma, Vishnu und Shiva, sowie wichtige weibliche Gottheiten wie Parvati oder auch Devi, Lakshmi, Saraswati und andere. Die großen überregionalen Feste werden zur Ehre und Freude dieser Hochgötter ausgerichtet und sind ausgesprochene Kulthandlungen.

Brahma, der Schöpfergott, hat heute im volkstümlichen Hinduismus an Popularität verloren. Er wird nur noch in einem einzigen Tempel in Pushkar in Rajasthan verehrt.

Vishnu verkörpert das erhaltende und bewahrende Prinzip im Universum. Er ist ein viel verehrter, großer und alter Gott, Freund und Wohltäter der Menschen und bereit, allen, die ihn anbeten, ein günstiges Schicksal zu verschaffen. Er wurde in den älteren Veden dem Lauf der Sonne zugeordnet und heißt der ›Weitausschreitende‹: Das *Rigveda* beschreibt, wie er mit drei Schritten den Kosmos durchmisst und so die bewohnbaren Sphären für Menschen und Götter schafft.

Vishnu hat den mythischen Vogel Garuda, den Götterboten (vergleichbar mit unserem Merkur), als sein Mittel zur Fortbewegung. Seine Gemahlin ist Lakshmi, manchmal auch Shri genannt, die Göttin des Reichtums und Glücks.

Die Legenden über Vishnus Wohlwollen kulminieren in der Vorstellung des *Avatara*. Es bezeichnet das Erscheinen des Gottes auf Erden, um den Menschen zu helfen. Zu neun Anlässen hatte er sich bereits auf der Erde inkarniert, wobei die siebte Inkarnation als Rama, die achte als Krishna und die neunte als Buddha besonders bekannt sind. In der zukünftigen zehnten Inkarnation wird er als Kalkin auf einem Schimmel erscheinen, das Böse beenden und ein neues, glückliches Weltalter herbeiführen. U-förmige, vertikale Zeichen auf der Stirn von Hindus lassen Vishnu-Anhänger erkennen.

Shiva tritt in der Götter-Dreigestalt (Trimurti) als der Zerstörer und Erneuerer auf und wird von seinen Anhängern als höchster Weltherr angesehen. Er ist ein sehr populärer Gott, der überall in Indien angebetet wird, meist in Form von kleinen und größeren phallischen Skulpturen, genannt *Lingam*. Auch ein einfacher Dreizack repräsentiert ihn. Shiva ist eine mächtige, aber ambivalente Gestalt der indischen Mythologie, denn er verkörpert Erotik sowie Askese. Die Lehre im Yoga, dass beide Aspekte aus derselben heißen Körperenergie stammen, mag vielleicht eine Erklärung für die widersprüchlichen Eigenschaften Shivas geben. Shiva ist in seinem Charakter äußerst komplex, schrecklich und gut zugleich. Er verkörpert jeden nur möglichen Bereich des Lebens – und sein Gegenteil. Sein sexuelles Verlangen ist unersättlich, und weder seine Frau Parvati noch die vielen anderen Frauen, denen er nachstellt, können ihn befriedigen. Mal ist er ein hinreißend verführerischer Adonis, mal ein verkommener Süchtiger, der sich auf Verbrennungsstätten herumtreibt. Auch die Rolle des sorgenden Familienvaters an der Seite Parvatis mit den gemeinsamen Kindern Skanda und Ganesh kann er einnehmen. Der Herr des Universums ist er als Nataraja, Herr des Tanzes, der unter sich den Dämon der Unwissenheit zertritt, während er leichtfüßig tanzend die Welt zerstört und erneuert – eine Ikone indischer Philosophie, dargestellt in unzähligen Bronzestatuen.

Er wird auch als der keusche König der Asketen gefeiert, der, von einer glühenden Aura umgeben, einsam auf dem fernen, schneebedeckten Berg Kailash meditiert und die Welt transzendiert. Shiva ist vielfältig, unberechenbar und unergründlich – wie das Leben selbst.

Zwischen den Augenbrauen sitzt das nur ihm eigene dritte Auge der Erleuchtung, das, wenn es sich öffnet, Tod und Zerstörung bringen kann. Sein Mittel der Fortbewegung ist Nandi, der weiße Stier, der im Inneren der Tempel in der Nähe des meist mit Blumen geschmückten *Shivalingam* zu sehen ist. Drei parallele, horizontale Streifen auf der Stirn, den Armen, dem Oberkörper – aber auch auf der Hauswand, der Autotür oder dem Kühlschrank – stehen für die Anhängerschaft Shivas.

Rama, die schon erwähnte siebte Inkarnation Vishnus und Held des *Ramayana*, ist ebenfalls eine der bewunderten Kultfiguren unter den Göttern Indiens. Rama steht synonym für den mutigen, gerechten und weisen Herrscher. Vishnu inkarnierte sich als Rama, um die Welt von dem unbesiegbaren Dämon Ravana zu befreien, was ihm in einem jahrelangen und verwickelten Kampf gelang. Rama erkennt man am Bogen in der Hand und einem Pfeilköcher auf dem Rücken.

Verehrt wird außerdem sein treuer Helfer und Weggefährte Hanuman, der schlaue Affengott, der als Skulptur oder Bilddarstellung in vielen Tempeln und Schreinen Indiens zu finden ist: Vor Rama kniend öffnet er sein Herz oder trägt einen Berg voller heilsamer Kräuter. Hanuman ist der Inbegriff für den bedingungslosen Glauben an die Götter.

Um Krishna, die achte Inkarnation Vishnus, ranken sich eine Vielzahl bezaubernder Geschichten. Er ist das fröhliche, schelmische, aber auch heldenhafte

Götterkind. Krishna ist sicherlich der populärste indische Gott. Alle Hindus kennen und schätzen ihn, nicht zuletzt, weil er eine beliebte Figur der traditionellen romantischen Literatur ist. Wie Rama, so kam auch Krishna (der Name bedeutet ›schwarz‹) als Prinz auf die Welt und wurde in schwierige Familienverhältnisse hineingeboren. Seinem Onkel, dem grausamen König Kansa von Mathura (geographisch in der Nähe von Agra und dem Taj Mahal), war prophezeit worden, dass ihn ein Kind seiner Familie töten werde. Um dieser Vorsehung zu entgehen, wollte er seinen Widersacher frühzeitig vernichten und ließ alle neugeborenen Jungen in seinem Reich umbringen. Krishna aber entkam, weil er mit einem Mädchen vertauscht wurde. Unerkannt wuchs er bei einem Kuhhirtenpaar in Brindavan auf, das ihn wie sein eigenes Kind aufzog. Krishna ist daher auch der Gott der Bauern und Hirten.

Neben seinen späteren legendären Knaben-Heldentaten gegen Dämonen und Schlangen ist er vor allem berühmt in seiner Rolle als junger, verführerischer Flötenspieler, der jungen Hirtinnen neckische Streiche spielt. Mit diesen so genannten Gopis verbinden ihn auch einige romantische Abenteuer. Seine Lieblingsfreundin unter ihnen ist Radha, die er schon als Kind liebte und die ihrerseits Krishna leidenschaftlich verfallen ist. Ihre gegenseitige Liebessehnsucht, gesteigert und voller Schmerz in der späteren Zeit der Entfremdung, ist Gegenstand vieler romantischer Bilder, beseelter Dichtungen und Lieder aus allen Teilen Indiens.

Eine Statue von Ganesh, dem elefantenköpfigen Gott der Weisheit und des Wohlstands, einem der beiden Söhne Shivas, fehlt in keinem Hinduhaushalt, nicht zuletzt, weil er der Lieblingsgott der Kinder ist. Man kennt Ganesh auch als den Beseitiger aller Hindernisse. Ganeshs günstig wirkende Kräfte werden bei zahlreichen Gelegenheiten beschworen: z.B. zu Beginn einer Reise oder einer Unternehmung, für die Arbeit von Schriftstellern, Studenten und Wissenschaftlern sowie bei Hochzeitsfeiern oder anderen religiösen Zeremonien.

Zur Erklärung seines Elefantenkopfs, der majestätisch auf dem dickbäuchigen Menschenkörper sitzt, greift die indische Mythologie auf Geschichten aus Shivas Familienleben zurück. Shivas Frau Parvati wünschte sich eine Wache vor ihrer Tür und beauftragte ihren Sohn Ganesh mit dieser Aufgabe. Dieser nahm seine Pflicht allzu ernst und verweigerte seinem Vater Shiva den Zutritt, worauf dieser ihm im Zorn den Kopf abschlug. Um die protestierende Parvati zu beruhigen, versprach Shiva, dem Sohn den Kopf eines in der Nähe befindlichen Lebewesens aufzusetzen. Zufällig war dies ein Elefant.

Auf den westlichen Betrachter mag Ganeshs Darstellung surreal oder märchenhaft wirken, aber für den Hindu ist sie voller spiritueller Symbolik. Ganesh sitzt auf einer Ratte, seinem Reittier. Die flinke, in alle Winkel vordringende Ratte steht symbolisch für die Überwindung aller Widrigkeiten auf dem Lebens- und Glaubensweg.

Die weiblichen Gottheiten

Die Verehrung weiblicher Gottheiten spielt für die Feste Indiens und den volkstümlichen Hinduismus eine tragende Rolle. Göttinnen sind im hinduistischen Pantheon eigenständige und zentrale Figuren. Während weibliche Gottheiten in den ersten Veden wenig erwähnt werden, nimmt die Macht der Göttinnen in der Zeit der späteren Schriften zu, wahrscheinlich aufgrund der Sesshaftwerdung und des Einflusses drawidischen Gedankenguts. Vor allem ab den Texten der *Tantras* (6. Jhd. n. Chr.) und dem daraus hervorgehenden Tantrismus wird die weibliche Energie, genannt *Shakti*, zur unverzichtbaren Kraft, besonders für die Anhänger des Shakti- oder Shakta-Kults.

Der Tantrismus ist ein ritualisierter Kult magischer Art, dessen Kennzeichen eine komplizierte Zahlen- und Buchstabenmystik, Geheimrituale sowie sexuelle Praktiken sind.

Da die weibliche Naturkraft *Shakti* eine breite Anerkennung und Aufwertung erfuhr, erhielten die Göttinnen eine deutliche Verbesserung ihres Status, von bloßen Gefährtinnen und zweitrangigen Gottheiten hin zu Individualität und beginnender Gleichberechtigung. Die bedeutendsten weiblichen Gottheiten sind die Gemahlinnen der Trimurti-Hauptgötter.

In diesem Zusammenhang sieht der Hinduismus besonders Shiva mit *Shakti* ausgestattet, weil er, stärker als die beiden anderen Trimurti-Götter, naturhafte Züge trägt. Später wird *Shakti* generell als Energiespender für männliche Gottheiten gedeutet.

Devi ist eine vielgestaltige Göttin, da sie mehrere weibliche Gottheiten und deren Aspekte in einem Namen verbindet. Sie wird auch manchmal Mahadevi, die große Göttin, oder auch Weltenmutter genannt.

Saraswati, die Gemahlin Brahmas und Göttin der Weisheit, der Wissenschaft und der Sprache, ist zugleich die Patronin der Künste und der Musik. Die meisten bildlichen Darstellungen zeigen Saraswati in feine weiße und goldene Saris gekleidet. Sie hat ein schönes Gesicht mit einem freundlichen und sanften Ausdruck und und trägt eine edelsteingeschmückte Krone. In zwei Händen hält sie je eine Lotosblüte, die heiligen Veden, und mit den zwei anderen Händen spielt sie das klassisch indische Saiteninstrument mit zwei Klangkörpern, die Veena, die sie erfunden haben soll.

Saraswati steht also auch für die hohe Stellung der Sprache, der Bildung und des Wissens im Hinduismus, für eine verfeinerte und vergeistigte Lebenshaltung. Ihr Abbild findet man allerdings eher auf dem Hausaltar als im Tempel.

Lakshmi, die Gemahlin Vishnus und Göttin der Schönheit, des Glücks, des Erfolgs und des Wohlstands, wird in jedem Haushalt und in jedem Tempel verehrt. Die aus der legendären Quirlung des Ozeans geborene, venusgleiche Lakshmi wird zu allen wichtigen Ereignissen beschworen, denn alle Gläubigen, gleich welcher Kaste, können sich von ihr Glück und Reichtum erhoffen. Als Skulptur oder auf bildlichen Darstellungen erscheint sie meist vierarmig. Lakshmi repräsentiert das Wohlergehen und die ästhetische Seite im Hinduleben, das idealisierte weiblich göttliche Element im Denken der Hindus überhaupt. Ihr großes Fest ist Diwali, das Fest der Lichter.

Parvati, die Ehefrau Shivas, ist eine Hochgöttin im Hindupantheon und hat wie ihr Gemahl einen Doppelaspekt. In ihrem wohlwollenden Aspekt ist sie Uma oder Parvati. Als Uma lebt sie streng asketisch, aber als Parvati ist sie die glückliche Ehefrau Shivas, der es gelang, den asketischen Shiva zum Familienleben zu bekehren. Parvati wird auf Bildern oft im trauten Familienkreis mit Mann und den beiden Söhnen Skanda und Ganesh dargestellt. Einige Mythen handeln vom Ehegeplänkel zwischen Parvati und Shiva: Sie geraten beim Würfelspiel aneinander, neckend hält Parvati Shiva die Augen zu (worauf sich die Welt verdunkelt und das dritte Auge entsteht). Oder Shiva ärgert Parvati, sehr zu ihrer Betrübnis, wegen ihrer dunklen Hautfarbe.

In einem anderen Aspekt wird sie zur Durga oder grimmigen Kali. Um sie zu besänftigen, werden ihr im Kali-Tempel in Kolkata (früher: Kalkutta) Tieropfer dargebracht. Man vermutet, dass es in früheren Zeiten sogar Menschenopfer waren. Der Legende nach rief die kämpfende Durga Kali zur Hilfe, da unbesiegbare Dämonen die Weltordnung und die Götter bedrohten. Kali siegte, und ihr typisches Abbild zeigt sie noch im Wahnsinn des Blutrausches: hager, mit einem dunkelblauen bis schwarzen Gesicht, weit aufgerissenen Augen, hervorstehenden Zähnen mit herausgestreckter blutroter Zunge, um den Hals eine Menschenschädelkette und in der Hand einen abgeschlagenen Kopf – bereit, die ganze Welt zu zerstören. Mit Kali, das sieht man deutlich, ist nicht zu spaßen.

Als Bild oder Skulptur findet man Parvati, Durga oder Kali in fast allen Tempeln Indiens. Ihr großes Fest heißt *Durga Puja* oder auch *Navaratri* – an neun aufeinander folgenden Tagen wird jeweils ein anderer ihrer vielen Aspekte verehrt. Parvati wird oft auch ›die Mutter‹ genannt oder *Annapurna*, die Nahrungsgebende. Von den meisten Gläubigen wird sie angerufen, um Unheil und Schrecken abzuwehren.

Neben diesen panindischen Hindu-Hochgöttern und -göttinnen und deren regionalen Varianten gibt es noch eine in die Millionen gehende Anzahl regionaler und lokaler Gottheiten, Halbgötter und Heiliger, die zum Teil mit eigenen Tempelfesten und Wallfahrten verehrt werden.

Religionsausübung im Alltag

In den meisten Hinduhaushalten findet man in einer Ecke oder Nische einen kleinen, sorgfältig gepflegten Altar, auf dem das Bild oder die Statue einer persönlichen Gottheit der Familie aufgestellt ist und verehrt wird. Manchmal handelt es sich auch um mehrere Gottheiten oder einen Guru. *Puja* (ausgesprochen: pudscha), was so viel wie Anbetung heißt und rituellen Charakter hat, gehört zu den religiösen und sozialen Pflichten traditionsbewusster Hindus und ist Teil der umfassenden Lebensordnung, in die sie hineingeboren wurden.

Das tägliche *Puja*-Ritual vollzieht jeder für sich am Hausaltar, morgens und abends. Manche gehen dafür auch in den Tempel. Es beginnt mit einem kurzen Gebet an die Sonne, gefolgt von speziell ausgewählten heiligen Sprüchen, *Mantras*. Kleine Opfergaben wie Süßigkeiten, Früchte, Blumen oder Getreide werden vor dem Abbild dargebracht und als geweiht später an die Familienmitglieder verteilt. Abends entzündet man am Altar Kerzen und Räucherstäbchen. An wichtigen Festtagen nehmen alle Familienmitglieder gemeinsam an ausführlicheren Zeremonien teil. Diese Rituale werden vor einem eigens dafür errichteten größeren Altar und nicht selten unter der Führung eines kundigen Brahmanen (Priesters) durchgeführt. Die Brahmanen tragen zum sichtbaren Zeichen ihrer hohen Kaste die heilige Schnur, eine Baumwollschlinge, die über die linke Schulter bis zur rechten Hüfte reicht. Sie nehmen bei zeremoniellen *Pujas* im Haus, vor allem aber im Tempel, die Rolle des Vermittlers zwischen Gläubigen und Göttern ein.

Die Vorstellungen von Reinheit und Unreinheit spiegeln sich nicht nur in den unterschiedlichen Kasten und ihrem komplexen Geflecht von Berufen wider, sondern sie gehen auch in den ganz normalen Alltag eines Hinduhaushalts ein. Natürliche Geschehnisse wie die weibliche Menstruation, Geburt oder Tod, aber auch Krankheiten und Unfälle werden bezüglich der Reinheit als beeinträchtigend angesehen, sowohl für die Betroffenen als auch für die ganze Familie. Mit Mitteln wie Reinigungszeremonien, täglichem Baden, Fasten, Teilnahme an *Puja*-Ritualen und vorübergehenden Einschränkungen im sozialen Kontakt muss dem entgegengewirkt werden. So dürfen Frauen etwa während ihrer Menstruation kein Essen für die Familie zubereiten. Nach der Geburt eines Kindes bleiben sie, zusammen mit dem Baby, zehn Tage lang unrein, bis das Zelebrieren eines speziellen Sakraments diesen Zustand beendet. Bei einem Todesfall in der engeren Familie wird der normale gesellschaftliche Austausch für Wochen völlig eingestellt. Es wird kein Essen mit Außenstehenden eingenommen, und ein ganzes Jahr lang darf kein Familienmitglied heiraten.

Der indische Tempel

Jeden Tag üben Millionen Hindus ihren Glauben in Tempeln aus. Ein regelmäßiger Besuch im Tempel ist ein selbstverständlicher Teil des Alltags und entspricht einer festlichen rituellen Handlung.

Nach der Hindu-Mythologie wohnen die Götter in den Bergen. Traditionelle Hindu-Tempel sind Nachbildungen dieses göttlichen Wohnsitzes. Darüber hinaus gibt es in Indien viele verschiedene Orte, die einen kleinen Tempel beherbergen können: z. B. eine Höhle, eine Lehmhütte, ein simpler Unterstand oder ein ganz normales Wohnhaus. Der normale Hindu-Tempel ist jedoch meist eine stattliche Anlage mit mehreren Gebäuden, die nach den genauen architektonischen Anleitungen der alten Schriften gebaut wurde.

Nähert man sich dem hinteren Teil der Anlage, dem Herzen des Tempels, so gelangt man in einen kleinen Raum mit der reich geschmückten Hauptgottheit des Tempels. Zugang haben allerdings nur die Tempelpriester. Den übrigen Gläubigen ist lediglich ein Blick durch die offene Tür erlaubt. Für die übliche zeremonielle Umschreitung des Heiligtums benutzt der Gläubige einen schmalen Wandelgang, der um diesen Raum herumführt. Kleine Fenster ermöglichen ihm weitere Blicke auf das Heiligtum.

Über diesem kleinen Raum im Herzen des Tempels erhebt sich ein Turm, der symbolisch dem legendären Urberg Meru oder auch Kailash im Himalaya nachgebildet ist. Er zeigt an seiner Außenseite eine reiche Ornamentkunst, die je nach Landesregion und Stilepoche variiert. Manchmal ist der Turm mit einer Vielzahl verschiedener Götterskulpturen verziert. Oder es handelt sich um Darstellungen mythischer Szenen, heiliger Tiere und Pflanzen in Form von Reliefs, die sich über alle Außenwände des Tempels fortsetzen.

Der Hindu-Tempel dient vor allem dazu, das Kultbild bzw. das Symbol einer Gottheit aufzunehmen und dem Gläubigen die Möglichkeit der Anbetung und Opferhandlung zu geben. In den meisten Fällen vollzieht der Hindu dies nicht wie der Gläubige der christlichen Religionen in einer gemeinsamen Feier, sondern alleine für sich, lediglich in Gegenwart eines Brahmanen.

Das Aufstellen eines steinernen oder metallenen Götter-Abbilds im Tempel wie auch zu Hause ist ein religiöses Ereignis von höchster Bedeutung. Es wird mit einer feierlichen Einweihungszeremonie verbunden, die der Skulptur Leben einhauchen soll. Von da an wird der Gott im Tempel regelmäßig mit Essen versorgt, gewaschen, gesalbt, eingekleidet und zum Schlafen gelegt. Man umsorgt die Gottheit wie einen Menschen.

Als huldigende Geste des Abschieds verneigt sich der Betende vor der Gottheit oder wirft sich demütig auf den Boden. Danach verteilt ein Brahmane einen Löffel voll mit geweihtem Wasser, und rotes *Kumkum*-Puder wird zwischen die Augenbrauen gestrichen.

Tempelfeste sind sehr farbenprächtige lokale Ereignisse, und es vergeht kein Tag in Indien, an dem nicht irgendwo eines zu beobachten ist. Bei den großen und berühmten Tempelfesten wie *Rath Yatra* in Puri oder dem Dussehra-Fest in Kullu, die Hunderttausende von Besuchern anziehen, werden die Götterstatuen vorübergehend aus den Tempeln geholt und auf riesigen Tempelwagen durch die Straßen transportiert.

In Tempeln, die zu Ashrams (klosterähnlichen Einrichtungen) gehören, werden auch lebende Heilige, Sadgurus, verehrt. Der Guru, ein spiritueller Meister, sitzt auf einem erhöhten Podium, umringt von singenden und betenden Gläubigen, die Blüten auf seine Füße streuen, sich einzeln vor ihm verneigen und von ihm gesegnet werden. Er repräsentiert Göttlichkeit, und schon sein Anblick, *Darshan*, besonders aber sein Segen wirkt heilbringend.

Die Lebensphasen der Hindus

Ein traditioneller Hindu muss in seinem Leben eine ganze Reihe hinduistischer Übergangsriten durchlaufen, so genannte *Samskaras*, die man mit ›Sakramenten‹ übersetzen könnte und die auch als Initiationsriten zu verstehen sind. Sie werden zum Teil festlich umrahmt und finden jeweils zu einem bestimmten Zeitpunkt in den vier Lebensstadien statt.

Aus der Sicht der Veden gliedert sich das Leben eines Hindu in vier gleich lange Lebensabschnitte. Kindheit, Jugend und Studienjahre (*Brahmacharya*) nehmen bis zu 25 Jahre ein. Danach folgen mit Heirat (*Grahastha*), Familiengründung, Haushalt und Berufsleben etwa weitere 25 Jahre. Dieser Abschnitt geht über ins *Vanaprastha* und steht für einen allmählichen Rückzug aus weltlichen Verpflichtungen und die Konzentration auf religiöse Inhalte mit einem Leben in Abgeschiedenheit – weitere 25 Jahre. Schließlich setzt im *Samnyasa*-Abschnitt eine Entsagung aller materiellen Sicherheiten und die permanente Wanderschaft ein, auf der Suche nach dem Seelenheil und der letztendlichen Befreiung aus dem Kreislauf der Wiedergeburten (*Moksha*).

In der *Grahastha*-Phase sucht der Hindu die drei klassischen Lebensziele zu erreichen: *Artha* – materiellen Wohlstand, *Kama* – emotionale, sexuelle, ästhetische Befriedigung, und *Dharma* – religiöse, soziale und moralische Pflichterfüllung. In der *Samnyasa*-Phase lösen sich weltliche Ziele und die Vorstellung eines Ichs auf, und das Streben kreist um *Moksha*, die Befreiung und Erlösung.

Die wichtigsten Übergangsriten finden vor, während und nach der Geburt statt. Ein weiterer wichtiger Zeitpunkt ist die so genannte zweite Geburt, die Initiation, die nur männliche Hindus erhalten und die mit der Verleihung der heiligen Schnur verbunden ist. Diese symbolisiert den Übergang von der Kindheit zur Jugend und Studienzeit. Weiterhin finden sich wichtige Rituale bei der Hochzeit, die im Hinduismus von großer Bedeutung ist, und schließlich beim Übergang vom Leben zum Tod.

Heirat und Ehe

Das bedeutendste private Fest sind die prächtigen Hochzeitsfeierlichkeiten, die mehrere Tage dauern und mit möglichst vielen Verwandten und Freunden begangen werden. Die Hochzeit ist sicherlich das wichtigste persönliche und gesellschaftliche Ereignis im Leben eines Hindus. Sie bringt für Braut und Bräutigam einen erheblich verbesserten Status mit sich, sowohl in Bezug auf die Gemeinschaft als auch hinsichtlich ihrer spirituellen Entwicklung. Darüber hinaus bedeutet die Heirat für die ganze Familie eine Festigung der sozialen und geschäftlichen Kontakte zur Gemeinschaft, an die sie sich gebunden fühlt und von der sie auch abhängig ist. Für die Hochzeit braucht es Monate der Vorbereitung. Die angehenden Eheleute müssen sich, allein und gemeinsam, einer Vielzahl komplexer Rituale und Bräuche unterziehen, die zum Teil von Brahmanen, aber auch von den Eltern und anderen Familienmitgliedern durchgeführt werden.

Für viele Hindus der städtischen Mittelschicht sowie ganz allgemein in der Dorfgemeinschaft ist auch heute noch die arrangierte Ehe üblich. Früher setzte man das geeignete Heiratsalter der Mädchen mit der Zeit des Initiationsritus für die in die Pubertät kommenden Jungen gleich. So wurde Mahatma Gandhi schon mit 13 Jahren mit der gleichaltrigen Kasturba verheiratet. Allerdings war er davor schon dreimal verlobt gewesen. Verlobungen waren Verträge zwischen den Eltern, von denen die Kinder nichts erfuhren; die Kindehe wurde 1929 gesetzlich verboten und das Mindestalter auf 15 festgesetzt. Aufgrund der besseren Schulbildung der Frauen in den Städten liegt heute das Altersniveau der Eheschließungen deutlich höher.

In der Regel müssen die Kosten für die Hochzeit sowie die Mitgift von den Eltern des Mädchens aufgebracht werden – eine teure Angelegenheit, auf die viele Eltern schon von der Geburt des Mädchens an sparen. Die Mitgift besteht aus drei Teilen: die Haushaltsausstattung des jungen Paares für einen selbstständigen Haushalt, Kleidergeschenke und Schmuck für den Ehemann und seine Angehörigen sowie eine persönliche Braut-Aussteuer in Form von Schmuck und Garderobe. Prinzipiell hängt der Umfang der Mitgift von der finanziellen Situation der Brauteltern und den Erwartungen der Angehörigen des Bräutigams ab, wobei dessen Ausbildung und die späteren Einkommens-Chancen mit berücksichtigt werden.

Die gesamte Aussteuer wird von beiden Familienteilen und den Hochzeitsgästen kritisch begutachtet. Da das zukünftige Glück der Tochter sehr von der Zufriedenstellung der Ansprüche des Bräutigams und seiner Familie abhängt, übernehmen sich die Brauteltern oft finanziell. Bei mehreren Mädchen in einer Familie können diese Ausgaben oft nicht erbracht werden, und so geschieht es immer wieder, dass sich Eltern und junge Paare wegen einer prestigeträchtigen Hochzeit über Jahre hinaus verschulden. Auf politischer Ebene wurde die Praxis der Mitgift mit ihren sozialen Auswirkungen als Missstand längst erkannt und gesetzlich geregelt, aber sie ist in ihrer alten Form nach wie vor weit verbreitet, sogar unter indischen Familien, die im Ausland leben.

Die alten Schriften sehen die Heirat als ein Sakrament an. Ihre Ziele sind *Dharma*, die Erfüllung religiöser und sozialer Pflichten, *Praja*, für Nachkommen zu sorgen, und *Rati*, Lebensfreude zu erlangen. In einem wichtigen Segensspruch für das junge Paar wird der Wunsch geäußert, dass die Brautleute viele Söhne haben mögen. Kinderkriegen wird als moralische wie auch als soziale Pflicht gesehen. Abtreibung oder Hilfe zur Abtreibung wird scharf verurteilt und Polygamie nur bei Kinderlosigkeit zugelassen.

Die junge Frau tritt in den Haushalt ihres Mannes ein. In der Regel ist es für sie nicht leicht, sich in dem von der Schwiegermutter dominierten Haushalt zurechtzufinden. Man erwartet von ihr, dass sie sich einfügt, ihre Arbeit verrichtet und Geduld aufbringt. Diese erste Zeit in fremder Umgebung wird in der indischen Literatur oft als ein schmerzhafter Prozess beschrieben. Mit der Schwangerschaft und der Geburt des ersten Kindes, vor allem eines Sohnes, verbessern sich aber Situation und Status der jungen Frau in der neuen Familie erheblich. Es ist üblich, dass die werdende Mutter zur Geburt noch einmal in ihr Elternhaus zurückkehrt, das auch die Kosten für ihre erste Entbindung übernimmt.

Traditionell leisten die Brüder ihren Schwestern lebenslangen Beistand. Im Juli/August gibt es ein eigenes Fest, *Raksha Bandan*, das dieser Schwester-Bruder-Beziehung gewidmet ist. Mädchen und Frauen binden ein *Rakhi*, einen Faden aus Baumwolle oder Seide, manchmal auch mit Gold- und Silberfäden durchwirkt, um das Handgelenk ihrer Brüder, um sie vor Gefahren und Krankheiten zu schützen. An diesem Tag können die Schwestern von ihren Brüdern alles erbitten. Für einen Mann ist es stets eine Ehre, die Rolle des beschützenden Bruders zu übernehmen.

Der Mondkalender

Da viele Hindu-Feste nach dem Mondkalender berechnet werden, ändern sich ihre Daten von Jahr zu Jahr. Ermitteln lässt sich das Festdatum aber insofern, als viele Feste an einem bestimmten Tag des aufsteigenden oder absteigenden Mondes stattfinden. Die Zeit des abnehmenden Mondes wird als die dunkle Monatshälfte bezeichnet, die des zunehmenden Mondes als die lichte Monatshälfte. Die zwölf Hindumonate beginnen in Nordindien jeweils mit dem Neumond, in Südindien hingegen mit dem Vollmond.

Die Kräfte des Mondes und das Wissen über seinen Einfluss auf Mensch und Natur spielen eine große Rolle. Dem Fasten und Durchwachen der Nacht bei Neu- oder Vollmond wird eine harmonisierende Wirkung auf das menschliche Gemüt nachgesagt. Wichtige Unternehmungen beginnt man mit den dynamischen Energien in der Zeit des zunehmenden Mondes, während man andererseits versucht, Reisen bei Vollmond (Verwirrung wegen zu viel Energie) oder große Anstrengungen in der Phase des abnehmenden Mondes (Neigung des Gemüts zur Ruhe und Kontemplation) zu vermeiden.

Sonnen- oder Mondfinsternisse sind Feste von großer spiritueller Bedeutung und können Millionen von Hindus zum Besuch heiliger Stätten, wie z.B. Varanasi oder Haridvar am Ganges, in Bewegung setzen.

Der indische Mondkalender ist luni-solar, und das genaue Datum der Feste wird von Astrologen nach einem komplizierten System errechnet. So werden etwa im Mondkalender Tage oder Monate eingefügt, damit Frühlingsfeste nicht nach einiger Zeit in eine andere Jahreszeit fallen. Die offizielle Zeit und das öffentliche Leben sind in Indien nach dem Gregorianischen Kalender eingeteilt.

Jainismus

Das Innere der Jain-Tempel und die Jain-Feierlichkeiten haben einen eher ruhigen Charakter, in der Regel fehlt ihnen die Ausgelassenheit der Hindu-Feste. Jain-Gläubige feiern, indem sie Pilgerfahrten unternehmen, sie beten still für sich, oder sie fasten. Die Jain-Religion leitet zu einer deutlich asketischeren und ernsteren Sichtweise des Lebens an, als es die anderen alten Religionen Indiens tun. Ihre Disziplinen sind zum Teil extrem und erst verständlich, wenn man die Entwicklungsgeschichte der Jains kennt.

Die Gemeinschaft der Jains

Die Religion der Jains gehört zu den drei großen Religionen, die sich im alten Indien entwickelt haben. Der Name Jain kommt von *Jina*, was soviel wie Eroberer oder Befreier heißt. Die Jains sind friedfertige, auf ihr Innenleben gerichtete Eroberer, die eine strenge, asketische und mönchische, im Grunde atheistische Religion, vertreten. Die Jains haben etwa sechs Millionen Anhänger in Indien, und eindrucksvolle Jain-Feste und -Tempelarchitektur findet man besonders in den Gegenden, in denen die Religion heute noch verbreitet ist. Der Jainismus wird seit dem 6. Jahrhundert v. Chr. praktiziert und war früher auf dem ganzen Subkontinent verbreitet. Heute konzentriert sich die Gefolgschaft vor allem auf zwei im Westen gelegene Bundesstaaten, Gujarat und Rajasthan, auf die mittelindischen Staaten Madhya Pradesh und Maharashtra sowie auf den südindischen Staat Karnataka. Aber auch an anderen Orten, z. B. in Kolkata, finden sich bedeutende Jain-Tempelanlagen, die von vielen Gläubigen besucht werden.

Die Lehre des Mahavira

Die Religion der Jains wurde von der historischen Person des Vardhamana Mahavira begründet, der von 599 bis 527 v. Chr. lebte und aus der Kriegerkaste der *Kshatriya* stammte. Sein Geburtsort ist Vaishali im heutigen Bundestaat Bihar. Mahavira ist somit ein älterer Zeitgenosse Buddhas. Beide Religionsgründer wurden nur wenige hundert Kilometer voneinander entfernt im östlichen Gangesgebiet geboren, beide predigten und leiteten eine Gruppe von Mönchen, sie haben sich aber nie getroffen. Es ist jedoch mehr als wahrscheinlich, dass sie voneinander gehört haben.

In der Biographie der beiden Religionsgründer fallen bestimmte Ähnlichkeiten auf. Der Überlieferung nach verließ Mahavira, der Sohn eines Militärführers, mit etwa 30 Jahren sein Zuhause, um Erlösung aus dem Zyklus der Wiedergeburten zu finden. Nach zwölf Jahren Wanderschaft und strengsten Entbehrungen erlangte er Erleuchtung und wurde zur ›vollkommenen Seele‹ oder zum ›Eroberer‹, *Jina*. Es gelang Mahavira, im Gebiet des Ganges königliche Förderung und allgemeine Unterstützung für sich und seine Anhänger zu gewinnen, die nun als Jains, Anhänger des Eroberers, bekannt wurden. Die Ähnlichkeiten mit Buddhas Biographie enden aber, was die Überlieferung von Mahaviras Tod angeht: Der Legende nach hat er sich mit 72 Jahren freiwillig zu Tode gefastet, ein Ritual, das *Sallekhana* oder auch *Santhara* genannt wird.

Mahavira bezweifelte wie auch Buddha die Wirksamkeit der rituellen Opferung und das davon abgeleitete Kastensystem und lehnte die Autorität der Veden und der Brahmanen ab. Man vermutet, dass diese Ablehnung zur Zeit Mahaviras bereits Tradition hatte. Bestimmte Gruppen der Kriegerkaste rebellierten gegen die Vorherrschaft der Brahmanen, vor allem gegen die Opferriten, die auch kostspielige Tieropfer beinhalteten. Die ausführlichen Rituale wurden von den unteren Kasten finanziert. Die Brahmanen, die im Zeitraum zwischen ca. 1500 und 800 v. Chr., genannt die vedische Zeit, die heiligen Schriften der Veden zusammenstellten, predigten und auslegten, hatten als Mittler zwischen Gläubigen und Göttern eine mächtige Stellung inne, sie gehörten der obersten Kaste an. Schon zur Zeit Mahaviras und Buddhas hatte sich darunter ein komplexes Geflecht von Sub-Kasten gebildet. Speziell Mitglieder aus der *Kshatriya*-Kaste erklärten sich unzufrieden mit diesem System und wurden heimatlose Wanderer auf der Suche nach Wahrheit und Erleuchtung. Diese Asketentradition wurde *Sramana* genannt.

Die Philosophie der Jains

Jain-Mönche legen größten Wert auf körperliche Entbehrungen, asketische Übungen und Selbstpeinigung als einen Weg, Vollkommenheit zu erreichen und sich aus dem *Karma*-Kreislauf der Tatvergeltungen und Wiedergeburten zu befreien. Wie rigoros die asketischen Übungen sein können, lässt sich an einem Beispiel illustrieren: Während sich buddhistische Mönche, die den mittleren Weg propagieren, die Kopfhaare scheren lassen, reißen sich die Jain-Mönche jedes Haar einzeln aus.

Nach der Kosmologie der Jains, die einige Vorstellungen des Hinduismus übernommen hat, ist die Welt ewig und läuft durch günstige und problemgeladene Zyklen des Werdens und Vergehens. Einen Gott gibt es aber nicht. Für die

Jains ist das Universum durch und durch belebt und in jedem Lebewesen, in jedem Ding, sei es auch noch so klein und unbedeutend, wohnt eine unsterbliche und unzerstörbare Seele. Das oberste ethische Prinzip der Jains ist *Ahimsa*, die Lehre von der Nichtverletzung der Lebewesen und die daraus folgende Vermeidung von schlechtem *Karma*. Keine andere Religion hat dies so betont und ihren Anhängern auferlegt. Sich der Gewalt oder Verletzung, in Tat und Gedanken, gegenüber jeglichem Lebewesen zu enthalten, leitet die Jain-Ethik auch zum Vegetariertum an. Jain-Laien ergriffen traditionell Berufe, die sich mit einer solchen Ethik vereinbaren ließen. Sie arbeiteten nicht in der Landwirtschaft, sondern als Händler und Kaufleute.

In den schwierigen Phasen des Weltgeschehens erscheinen nacheinander 24 Tirthankaras, so genannte Weg- oder Furtbereiter, die über die Verbreitung der Jain-Lehre Hilfe anbieten. Der letzte Tirthankara war Mahavira. Sein Vorgänger war Parsvanatha, der ebenfalls eine historische Person gewesen sein soll und im 8. Jahrhundert v. Chr. lebte. Frühere Tirthankaras gehören der Legende an. Die 24 Tirthankaras werden als Statuen in den Tempeln verehrt, und es fällt auf, dass sie alle gleich aussehen. In der Vollkommenheit ihrer Seele zeigen sie sich ohne Unterschied. Die in Meditationshaltung sitzenden, zierlich wirkenden Marmorstatuen, die mit einer auffällig großen schwarzen Iris starr, in wacher Melancholie, in die Tempelräume blicken, spielen in der Ikonographie der Jains eine große Rolle. Die Idole sind umgeben von den sehr ästhetischen und äußerst reinlich gehaltenen Innenräumen der Jain-Tempel, die mit ihrer Fülle von figürlichen und filigranen Ornamenten aus hellem Marmor eine prächtige, gleichzeitig wunderbar leichte Atmosphäre verbreiten. Sie gehören zu den großartigsten Bauwerken Indiens. Viele dieser Jain-Tempel sind zwischen dem 10. und 12. Jahrhundert n. Chr. gebaut worden und repräsentieren in ihrem Innenausbau eigentlich das genaue Gegenteil asketischer Entsagung. Dies wird damit erklärt, dass nach der Jain-Lehre Schönheit im Inneren wohnt.

Im Jain-Tempel finden sich auch noch eine ganze Reihe von Hindu-Göttern und -Göttinnen, wie z.B. Saraswati, die Göttin der Künste und Gelehrsamkeit.

Im Unterschied zu den Hindus allerdings erwarten sich die Jains von der Anbetung keine Hilfe, sondern es handelt sich um eine Art Kontemplation oder Meditation. Sie wissen, dass die perfekten Wesen, die in den Statuen dargestellt sind, sich auf Ebenen jenseits menschlichen Tuns und Wollens befinden, und daher ist ihre Anbetung eine völlig einseitige Beziehung.

Im Jainismus gibt es keine Vorstellung von Gottheiten wie im hinduistischen Glauben. Die Statuen symbolisieren vielmehr eine potenzielle Entwicklungsstufe der Seele, sie dienen als kontemplative Hilfe, der Erinnerung an ein hohes Ziel und die Möglichkeit seiner Verwirklichung. Der Jainismus ist, wie der Buddhismus, eine Selbstschulung.

Die verschiedenen Richtungen des Jainismus

Welcher Weg der kompletten Entsagung nun der richtige sei, darüber spaltete sich ca. 300 v. Chr. die mönchische Tradition der Jains in zwei verschiedene Orden auf. Auch darüber, ob Frauen überhaupt in der Lage seien, eine Befreiung zu erlangen, entwickelten sich unterschiedliche Auffassungen. Einerseits bildete sich der Orden der Digambaras, der Himmelsgekleideten, die völlig nackt waren, zum anderen gibt es die Svetambaras, die Weißgekleideten.

Nach der Lehre der Digambaras ist jegliche Form von Besitz ein Verhaftetsein mit der Welt und ein Hindernis auf dem Weg zur Befreiung, denn sie glauben, auch materielle Dinge, wie etwa Kleider, können reinkarnieren. Dementsprechend tragen die Digambaras kein einziges Stück Kleidung an ihrem Körper und benutzen ihre Handflächen als Bettelschale. Digambara-Nonnen waren allerdings bekleidet, da ihre Nacktheit wohl als anstößig betrachtet wurde.

Im Bereich der Digambara-Plastik werden vor allem die 24 Tirthankaras und der Heilige Bahubali nackt gezeigt. Bahubalis kolossale Statue in Sravana Begola in Südindien wird später noch näher beschrieben. Alle anderen Gottheiten werden nicht nur bekleidet, sondern auch mit Schmuck gezeigt, was einen gewissen Widerspruch zur Entsagung darstellt. Die Digambaras sind ausgesprochene Anbeter von Bildern und Statuen.

Die Svetambaras sind etwas wenger asketisch. Man erkennt sie an der schlichten weißen Baumwollkleidung sowie einer weißen Maske vor dem Mund. Zum einen wollen sie damit das Leben der Luft erhalten, zum anderen vermeiden, kleine Insekten einzuatmen und zu töten. Sie besitzen auch einen Besen, mit dem sie vor ihren Schritten kehren, damit sie nicht versehentlich ein Lebewesen zertreten. Aus diesem Orden formierte sich noch eine kleinere, im 17. Jahrhundert n. Chr. gegründete Splittergruppe, die Teraphanti, die sich streng nach den alten Schriften der Jains richtet und dementsprechend jegliche Anbetung von Idolen ablehnt.

Jain-Mönche bilden zwar einen wichtigen Teil des Jainismus, aber die meisten Jains sind Laien und, wie schon erwähnt, häufig aus der Kaste der Kaufleute. Sie gehören der Mittel- und Oberschicht der indischen Gesellschaft an und sind oft wohlhabend. Sie suchen eher das Ideal des Wohlergehens im Jetzt als die Befreiung in ferner Zukunft. Diese Jains befolgen drei Grundsätze: rechtes Wissen, rechter Glaube und rechte Lebensführung, die sie symbolisch auch die drei Juwelen nennen. Innerhalb dieser ethischen Prinzipien bemühen sie sich, gewaltlos und als strenge Vegetarier zu leben und üben ihre Religion in ihren Tempeln und vor ihren Hausschreinen mit komplexen Reinheits- und Gebetsritualen (*Puja*) aus. In mancher Weise ähneln die Rituale dem Hinduismus, denn auch die Jains singen Hymnen und Gebetsformeln und bieten Früchte, Blumen und Körner als Opfergaben vor den Statuen ihrer *Jinas*, Tirthankaras und Lehrer dar.

Der Jainismus hat sich im Gegensatz zum Hinduismus und Buddhismus nicht über die Grenzen Indiens hinweg ausgebreitet. Die Jains waren nie an der Bekehrung Andersgläubiger interessiert, und außerdem war es Jain-Mönchen verboten, länger als einen Tag auf einem Boot zu reisen.

Interessanterweise hat sich die Gemeinschaft der Jain-Anhänger in den Zeiten der muslimischen Herrschaft in Indien besser gehalten als der Buddhismus.

Die Feste der Jains

Das große Fest für Mahavira heißt *Mahavir Jayanti* und findet am 13. Tag nach Vollmond im Hindumonat *Chaitra* (März/April) statt. Es wird von Jains in ganz Indien gefeiert. Im Bundesstaat Gujarat pilgern Hunderttausende zu den heiligen Stätten auf dem Berg Girnar, zu den Tempelanlagen in Palitana sowie in Rajasthan zum Tempel auf dem Mount Abu.

Auch der Ort Pawa Puri in Bihar, wo Mahavira im Hindumonat *Karthika* (Oktober/November) starb und ins *Nirvana* eingegangen sein soll, ist ein wichtiges Pilgerziel.

Das Fest *Paryushana* gehört zu den wichtigsten Jain-Festen. Es wird zehn Tage lang von den Digambaras und acht Tage lang von den Svetambaras gefeiert. Während dieser Zeit unterziehen sich die Jain-Laien den strengen Entbehrungen der Jain-Mönche. Es ist üblich, dass am letzten Tag von *Paryushana* Briefe geschrieben und Besuche abgestattet werden. Dabei geht es darum, Personen um Vergebung zu bitten, die im vergangenen Jahr im Umgang in irgendeiner Art verletzt wurden.

Alle zwölf Jahre findet das spektakuläre Weihefest der 18 Meter großen Gomateswara-Statue statt, genannt *Mahamastak Abhishek*. Das aus einem Block gemeißelte, kolossale Standbild aus dem Jahre 983 n. Chr. steht im Zentrum eines Jain-Heiligtums bei der Stadt Shravana Belgola im südindischen Bundesstaat Karnataka. Gomateswara ist der Sohn des ersten Tirthankaras, Rishabha. Wie die Haltung des Standbilds, so soll auch Gomateswara unbeweglich in Askese verharrt sein, bis Schlingpflanzen an seinem Körper emporwuchsen und sich Termitenhügel an seiner Seite aufwarfen.

Für das Fest wird um die Statue herum ein Gerüst errichtet, auf dem sich einige Gläubige schon bei Morgengrauen postieren. In ihren Händen halten sie Metallschalen mit geweihtem Wasser. Dies wird auf die Menschenmenge unter dem Gerüst verspritzt. Die Statue selbst wird mit großen Mengen Milch, Rohrzuckersaft und Kräutersäften übergossen, und Sandelholzpulver- und Safranmale werden angebracht. Viele Gläubige bringen Gold, Silber und Edelsteine als Zeichen ihrer Verehrung. Gegen Mittag kommt es zum spektakulären Finale: Unter der Begleitung von Trommeln, Trompeten und Zimbeln ergießt sich aus einem Helikopter über Statue und Gläubige ein Regen duftender Blütenblätter.

Sikhismus

Die heute ca. 16 Millionen Anhänger zählende Religion der Sikhs ist vor etwas mehr als 500 Jahren gegründet worden und ist die vierte und jüngste der im alten Indien entstandenen Religionen. Die Sikhs sind leicht an ihrem Turban und Bart zu erkennen; sie sind oft hoch gewachsen, gut gekleidet, gebildet und zielstrebig. Im Alltag der indischen Städte trifft man sie oft als Regierungsbeamte, Kaufleute oder Taxifahrer. Der Punjab (der Name bedeutet: fünf Wasser) im Nordwesten Indiens ist das Kerngebiet der Sikhs, und hier befinden sich auch die wichtigsten Sikh-Pilgerorte.

Der Gründer der Sikhs

Guru Nanak (1469–1539) war der erste Guru und Gründer der Sikh-Religion (Gu = Dunkelheit; Ru = deren Beseitigung). Sein Geburtstag fällt, je nach Mondstellung, auf einen Tag im November, und sein Todestag ist im September. Nach den Schriften der Sikhs wurde Nanak in eine Hindufamilie in einem kleinen Dorf im Punjab, nahe der Stadt Lahore geboren. Er soll sich schon als Kind für religiöse Dinge interessiert haben und darüber mit seinem Vater verschiedentlich in Konflikt geraten sein. Durch Schule und Eigenstudium machte er sich sowohl mit den Veden und der Philosophie der Hindus als auch mit dem Glauben des Islam und dem Koran vertraut. Mit 16 heiratete er, wurde Vater von zwei Söhnen und verwaltete eine staatliche Kornkammer. Schicksalhaft aber und entscheidend für seinen Lebensweg war ein mystisches Erlebnis mit 30 Jahren. Eine göttliche Stimme wies Nanak an, nur einen einzigen Gott anzuerkennen und nach den Prinzipien der Barmherzigkeit, Reinheit, Gläubigkeit und des Dienens zu leben und zu predigen. Nanak war danach drei Tage und Nächte verschwunden. Am vierten Tag tauchte er wieder auf und sagte den für den Sikhismus prägenden Satz: »Es gibt keinen Hindu, es gibt keinen Muslim.« Das war ein Versöhnungsangebot. Nanak predigte die Botschaft des einen Gottes und die Gleichheit aller Menschen ohne Kastenschranken. Das monotheistische Glaubensbekenntnis Nanaks, das Gott als formlos, ewig und unbeschreibbar deutet und ihn als nur im Herzen erfahrbar ansieht, richtete sich aber vor allem gegen die Götterbilder und Ritualwelt der Hindus.

Nach Nanaks Vision ist Gott in der gesamten Schöpfung präsent, sie ist Ausdruck seines Willens und seiner Ordnung. Der Mensch kann über die Verehrung von Natur und Schöpfung mit Gott in Verbindung treten.

In Nanaks Lehre findet sich erneut das hinduistische Konzept der Zyklen von Geburt, Tod und Wiedergeburt sowie die Vergeltungskausalität des *Karmas*. Nanaks Botschaft beinhaltet aber auch wichtige Elemente des Islam, wie z. B. den Monotheismus. Seine Lehre wird noch heute als eine Brücke zwischen Hinduismus und Islam gesehen. In den Schriften der Sikhs findet sich der Name Gottes mal mit hinduistischen, dann wieder mit islamischen Namen bezeichnet, er kann Rama, Hari oder Rahim heißen. Oft wird Gott jedoch als Waheguru bezeichnet, als der große Guru, wunderbare Lehrer. Auch die Bezeichnung Sat Guru, Guru des Jenseitigen, ist bekannt.

Um sich aus Selbstbezogenheit, Begierden, Stolz, Hass und Materialismus zu befreien, muss sich der Suchende einer strengen geistigen Disziplin unterziehen, bis er Einsicht in den göttlichen Lebensplan gewinnt und sich harmonisch darin einfügt. Teil dieser Disziplin ist es, das Denken nach innen zu lenken und den Namen Gottes so oft wie möglich auszusprechen und darüber zu meditieren. Daher wird der Sikhismus oft als *nama marga* bezeichnet – die ständige Wiederholung des Namens Gottes. Diese Disziplin soll die Seele reinigen und den unruhigen Geist auf die göttliche Wirklichkeit lenken. Nach der Lehre Nanaks vollzieht sich die geistig-religiöse Entwicklung über mehrere innere Erlebnisstufen. Auf der fünften und letzten Stufe erreicht der Suchende den entscheidenden Bewusstseinszustand: das Erkennen Gottes und die mystische Einheit mit ihm, was das Ende der Seelenwanderung bzw. der Wiedergeburten bedeutet.

Um Gott zu erkennen ist es aber nach der sikhistischen Lehre nicht notwendig, asketisch zu leben. Im Gegenteil, Nanak forderte seine Anhänger auf, die Bürde des Familienlebens auf sich zu nehmen und auf normale Art und Weise den Lebensunterhalt zu verdienen. Er selbst lebte in der letzten Phase seines Lebens als normaler Bauer im Punjab und bestellte täglich sein Feld.

Davor aber wurde Nanak zum viel verehrten Guru Nanak, zum Lehrer und Heiligen. Er gewann Schüler, die sich Sikhs nannten, ein Sanskritwort, abgeleitet von *Shishya*, was Jünger bedeutet. Mit seinen beiden ersten Schülern, dem Muslim und Lautenspieler Mardana und dem Hindu-Bauern Bala, begab er sich auf für die damalige Zeit ungewöhnlich ausgedehnte Reisen. Sie führten ihn quer durch alle Landesteile Indiens, er soll sogar bis Mekka und Medina gekommen sein. Seine Wanderpredigten hielt er in Form von Hymnen und Gedichten, die auch von seinen Jüngern mitgestaltet wurden. Diese Vortragsweise stützte sich auf eine Tradition, die schon andere Heilige vor ihm in Indien begonnen hatten, z. B. der Mystiker Kabir. Leben, Lehre, Hymnen und Erzählungen des Guru Nanak wurden von den nachfolgenden Gurus in Schriftform festgehalten und sind im *Granth Sahib*, dem heiligen Buch der Sikhs, zu finden. Guru Nanaks Morgen-, Abend- und Nachtgebete sind täglicher Bestandteil der Sikh-Rezitationen in einem Gurdwara, der sikhistischen Gebets- und Schulungsstätte.

Vor seinem Tod bestimmte Guru Nanak einen Nachfolger. Er fand ihn nicht unter seinen Söhnen, sondern beauftragte damit eine geeignete Person unter seinen Anhängern. Damit begründete er eine Tradition, die sich bis 1708 mit neun weiteren Gurus fortsetzte. Diese Gurus trugen entscheidend dazu bei, dass sich aus den mystischen Visionen des Guru Nanak allmählich eine neue Religion formte. Diese zehn Gurus sind die eigentlichen Gründer der Religion.

Gurus der Sikhs nach Nanak

Die auf Guru Nanak folgenden neun Gurus reagierten jeweils auf die Erfordernisse der Zeit. Die wichtigen Erinnerungsfeste an die einzelnen Gurus und die Entwicklung des Sikhismus im Ganzen versteht man nur, wenn man auch die Lebensgeschichten der Gurus kennt. Nachfolgend sind vier der neun Gurus beschrieben.

Guru Arjan Dev war der fünfte Guru in der Nachfolge Nanaks, aber der Erste, der als Sikh geboren wurde. Unter der Führung von Arjan Dev (1581–1606) festigte sich die Stellung der Sikhs im Punjab, und sie gewannen auch erheblich an politischem Einfluss.

Arjan Dev war ein überaus produktiver Dichter und Komponist und steuerte den größten Teil der Hymen für das heilige Buch der Sikhs, den *Granth Sahib*, bei. Seine Kompositionen lassen aber auch eine deutliche Abgrenzung zu den anderen Religionen erkennen. Die *Sukhmani* oder Hymne des Friedens, die bei Sikh-Begräbnissen gesungen wird, ist seine bekannteste Komposition.

Arjan Dev war ein im Volke sehr beliebter Mann. Seine Popularität und die Missionierungserfolge der Sikhs in der Bevölkerung des Punjabs, die den Zulauf von Anhängern aus dem Lager des Islam und die Errichtung von religiösen Stätten mit sich brachten, erschienen dem Mogul-Kaiser Jehangir bedrohlich. Er arrangierte eine politische Verschwörung um Arjan Dev und verhängte als Buße eine hohe Geldstrafe. Außerdem ging die Aufforderung an Arjan Dev, die Texte des *Granth Sahib* zu ändern, also seinem Glauben abzuschwören. Der Guru weigerte sich, diese Auflagen zu erfüllen. Der Mogul-Kaiser ließ Arjan Dev in Lahore gefangen nehmen, anklagen und zum Tod verurteilen. Er wurde öffentlich und grausam zu Tode gefoltert. Nach vier Tagen ohne Essen setzte man ihn auf eine glühend heiße Eisenplatte, übergoss ihn mit heißem Sand und warf seinen verbrannten Körper in den Fluss Ravi, aus dem er nicht mehr auftauchte.

Guru Arjan Devs wird im Mai und Juni gedacht, jeweils zu seinem Geburtstag und seinem Martyrium. Die Sikhs feiern seinen Opfertod als einen Sieg des Guten über das Böse, denn für sie stehen Arjan Devs Leben und Werke für eine Haltung des Friedens und der Gelehrsamkeit.

Mit dem Märtyrertod des populären Guru Arjan Dev begann eine tief greifende Richtungsänderung in der Sikh-Gemeinschaft. Hargobind, der sechste Guru und Sohn von Arjan Dev, rief zum bewaffneten Widerstand gegen den Mogul-Kaiser auf. Unter Hargobinds Führung fingen die Sikhs an, sich zu einer waffenkundigen und wehrhaften religiösen Gemeinschaft zu wandeln. Hargobind erfand das Doppelschwert-Symbol der Sikhs, *Piri* und *Miri*, das religiöse und politische Belange gleichermaßen repräsentiert. Er ließ den *Akal Takht* (Thron des Zeitlosen), den Sitz der politischen Autorität der Sikhs, im Goldenen Tempel errichten. Die Fahne seiner Armee, eine dreieckige, safran-orangefarbene Flagge, die so genannte *Nishan Sahib*, weht noch heute über jedem Sikh-Tempel (Gurdwara). Guru Hargobinds Geburtstag wird im Juli, seines Todestages im März gedacht.

Als neunter Guru übernahm Teg Bahadur (1664–1675) die Leitung der Sikh-Glaubensgemeinschaft. Er war der jüngste Sohn des Guru Hargobind und lebte während der Herrschaft des fanatischen Mogul-Kaisers Aurangzeb, der in Indien eine fundamentalistische Richtung des Islam durchsetzen wollte. Dagegen begannen sich sowohl Sikhs wie auch Hindus zur Wehr zu setzen. Aurangzeb ließ Zwangskonvertierungen durchführen und erhob für Nicht-Muslime spezielle Steuern, die sich noch erhöhten, wenn Inder nichtislamischer Konfessionen ihre heiligen Stätten besuchen wollten. Im Widerstand warb Guru Teg Bahadur um Unterstützung in der Bevölkerung und setzte dabei wissentlich sein Leben aufs Spiel. Er wurde an den Mogul-Kaiserhof befohlen, gefangen gesetzt und später in Delhi öffentlich hingerichtet. Vor seinem Tod beschwor Teg Bahadur seinen Sohn Gobind Singh, seinen Tod zu rächen.

Wie einige seiner Vorgänger, so war auch Guru Teg Bahadur ein sehr produktiver Dichter und Komponist, dessen Werke ebenfalls im heiligen Buch der Sikhs, *Granth Sahib*, zu finden sind. Seines Geburtstages wird im April und seines Martyriums im November gedacht.

Unter der Führung des zehnten und letzten Gurus, Gobind Singh (1675–1708), und dem Druck der politischen Ereignisse seiner Zeit vollendete sich der Umwandlungsprozess der Sikhs von einer reinen Glaubensgemeinschaft zu einem Glaubens- und aktiven Kampfbündnis. Zu Guru Nanaks friedliebender, nach innen gerichteter Glaubensethik gesellte sich eine nach außen gerichtete kriegerische Tugend der Sikhs. Im Jahr 1699, am Tag des Frühlingsfestes Baisakhi, gründete Guru Gobind Singh unter den Sikhs die Bruderschaft der Khalsa, der Reinen. Die ursprünglich etwa 80.000 Khalsa waren eine Elite-Krieger- und Kampfgemeinschaft, die die sichtbaren Sikh-Embleme, wie z. B. Turban und Bart, trug und deren kämpferische Seite dem Sikh-Glauben – und dem ganzen Punjab – von diesem Zeitpunkt an eine neue, unverwechselbare Identität verlieh. Neben dem neuen Konzept des heiligen Kriegers betonte Guru Gobind Singh die Notwendigkeit der Sikh-Gemeinsamkeiten: beim Gottesdienst, den Pilgerzielen, den äußeren Erscheinungsmerkmalen und der Taufe. Ein ähnliches Ritual wie die Khalsa-Taufe ist heute noch bei der Initiation junger Sikhs in die Glaubens- und Lebensregeln der Sikhs üblich.

Gobind Singh war zum Zeitpunkt des Martyriums seines Vaters Teg Bahadur neun Jahre alt gewesen. Er musste seine Position als Führer der Sikh-Gemeinde erst behaupten. Seine erste Lebensphase war von künstlerischer Produktivität geprägt. Im Alter von 16 bis 20 Jahren beschäftigte er sich mit Literatur und verfasste verschiedene Kompositionen, die heute ebenfalls im *Granth Sahib* zu finden sind. Um religiöse Werke einem breiteren Publikum zugänglich zu machen, ließ er bestimmte Klassiker der Sanskrit- und persischen Sprache von seinen 52 Hofdichtern in eine Hindu-Umgangssprache übersetzen und als Hymnen zusammenstellen.

Drei Tage vor seinem Tod erhob Guru Gobind Singh in einem feierlichen Ritual die heilige Schrift der Sikhs, *Granth Sahib*, zum *Guru Granth Sahib*, zur höchsten Autorität der Sikhs. Er wies die Sikh-Gemeinde an, das heilige Buch als eine Quelle spiritueller Inspiration zu betrachten und es wie einen lebenden Guru zu verehren.

Mit dem Tod von Guru Gobind Singh 1708 endete die Reihe der Sikh-Gurus. Gobind Singh hatte keine Kinder und bestimmte auch keinen Nachfolger.

Die heilige Schrift *Guru Granth Sahib* befindet sich tagsüber im Gebets- und Versammlungsraum der Sikh-Tempel, der Gurdwara genannt wird, was übersetzt so viel wie ›die Tür zum Guru‹ bedeutet. Der Tempel ist ganz der Verehrung des *Guru Granth Sahib* gewidmet und die Rezitation seiner Verse unter Musikbegleitung sehr feierlich.

Das *Guru Granth Sahib* besteht aus insgesamt 6204 Hymnen, die in 31 verschiedenen musikalischen Stimmungen, genannt *Ragas*, zusammengestellt sind. Auf 1430 Seiten umfasst es die umfangreichen Lehren der zehn Gurus, beinhaltet aber darüber hinaus auch Dichtungen früherer Hindu- und Muslim-Heiliger. Sie zeichneten sich dadurch aus, dass auch sie nur an einen einzigen Gott glaubten und die Gleichheit aller Menschen propagierten. Die Sikhs sehen daher das *Guru Granth Sahib* auch gern als Bibel einer universalen Religion.

Das Originalbuch liegt im Goldenen Tempel von Amritsar, genannt Harimandir (*Hari* = Gott, *Mandir* = Haus, Tempel), dem spirituellen Zentrum der Sikh-Religion. Jedes Gurdwara in Indien besitzt eine Kopie. Zu besonderen Anlässen wie dem *Baisakhi*-Fest, den Gedenktagen an die zehn Gurus, Familienfesten wie Hochzeit, Geburt, Tod oder dem Beginn eines neuen Unternehmens, wird aus dem *Guru Granth Sahib* 48 Stunden lang ohne Unterbrechung gelesen. Dies wird *Akhand Path* genannt und soll sich segensreich auf die Teilnehmer der Rezitation auswirken.

Insgesamt gesehen hat sich die ursprüngliche Idee Guru Nanaks, nämlich eine Versöhnung und Synthese zwischen Hindus und Muslimen herbeizuführen, aus den oben geschilderten historischen Gründen nicht verwirklichen lassen. Die Sikhs haben aber ein bedeutendes zusätzliches Element der Religiosität hervorgebracht, mit einer für unser Verständnis fast ›preußisch disziplinierten‹ Lebenshaltung, die Indien beeinflusst hat und wovon Indien auch sehr profitiert.

Sikhs sind sehr zahlreich im englischsprachigen Ausland zu finden. Es ist interessant zu beobachten, dass sie selbst nach vielen Generationen des Auslandsaufenthaltes sowohl ihre äußerliche Identität als auch ihre religiöse Praxis und den Bezug zu ihrem Ursprungsland beibehalten.

Historisch haben die Sikhs in Indien immer wieder eine bedeutende Rolle gespielt. Wie schon ausgeführt, wandelte sich ihr Charakter unter dem Druck ihrer Verfolgung durch die Mogul-Kaiser des 17. Jahrhunderts von einer pazifistischen Religion in eine wehrhafte und politische Gemeinschaft. Im 18. Jahrhundert bildeten sie Milizen und verteidigten ihr Gebiet gegen Einfälle und Plünderungen der Mogulen, Perser, Afghanen und Marathen. Im 19. Jahrhundert baute der Militärführer Ranjit Singh ein starkes Sikh-Königreich auf und hielt der Expansion der Briten in Indien am längsten stand. Später wurden die Sikhs wegen ihrer militärischen Fähigkeiten sogar von den Engländern umworben und erhielten spezielle Privilegien. In den 80er Jahren des 20. Jahrhunderts wollten die Sikhs einen unabhängigen Staat im Punjab durchsetzen und füllten damit über Jahre hinweg die Schlagzeilen der indischen und der internationalen Presse. Das Vorhaben scheiterte, und heute hat sich die politische Lage um die Sikhs wieder beruhigt.

Islam

Zwölf Prozent der Bevölkerung Indiens sind heute Muslime. Der Islam, nicht in Indien entstanden, ist somit die größte religiöse Minderheitengruppe. Die Geschichte des islamischen Einflusses auf Politik, Kultur, Kunst und Religionen Indiens erstreckt sich über einen Zeitraum von mehr als 1000 Jahren. Der Islam hat sich nicht als dominierende Religion und Kultur durchsetzen können, er wurde aber auch nicht vom Hinduismus absorbiert, wie es anderen Religionen ergangen ist. Das schicksalhafte Aufeinandertreffen und die folgenden Wechselwirkungen der beiden Religionen haben dem Subkontinent ein Doppelgesicht verliehen. Der Islam hat auf vielen Gebieten große Kulturleistungen hervorgebracht. Dabei kam es speziell unter den toleranten Mogul-Herrschern Akbar (1556–1606 n. Chr.) und Shah Jahan (1627–1658), die auch hinduistische Architekten und Kunsthandwerker beschäftigten, zur Entfaltung einer grandiosen Baukunst, wie am Beispiel des Taj Mahal zu sehen, und zu einem nicht minder bemerkenswerten Kulturleben am Hofe der Mogul-Kaiser. Zu dieser Zeit war übrigens Persisch die Sprache der gehobenen Schicht.

Ausbreitung des Islam

Jeder Sechste der heutigen Weltbevölkerung bekennt sich zum Islam. Der Islam hat sich seit dem siebten Jahrhundert n. Chr. mit beispielloser Geschwindigkeit über weite Teile der alten Welt ausgebreitet. Die Nachfolger des Religionsgründers Mohammed, die Kalifen, die mit dem Wort des Koran und der Ethik des heiligen Kriegs effiziente Armeen von Berufskriegern und gut organisierte Verwaltungsorganisationen aufbauten, brachten weite Gebiete des Nahen Osten, des südlichen Mittelmeers, der Türkei, Persiens, bis hinauf nach Südrussland unter die Kontrolle des Islam. Die schnellen militärischen Erfolge waren den Muslimen ein Beweis für die Richtigkeit ihres Glaubens. Bereits 711 nahmen arabische Stämme Gibraltar ein, und im selben Jahr erlebte Indien in der Provinz Sind (Pakistan) erste Arabereinfälle aus Afghanistan. Der Islam erreichte Indien auch durch die Seefahrt und durch Handelsbeziehungen. Im zehnten Jahrhundert wurde Nordindien durch die Raubzüge und Zerstörungen des türkischen Mahmut von Gazni erschüttert, der Städte und Tempel dort wie auch in Gujarat ausplünderte und die Beute zurück zu seiner Stadt Gazni in Afghanistan brachte. Die Ruhephase nach seinem Tod (1030) dauerte 150 Jahre lang. Im Schicksalsjahr 1192 schlug Mohammed von Ghur, Herrscher der Ghuriden und Nachfolger von Mahmut von Gazni, die Armee der Hindu-Konföderation vernichtend.

Damit begann von Delhi aus die politische und kulturelle Ausbreitung des Islam über weite Teile West-, Nord- und Mittelindiens. Die Hindus wurden zu *Dhimmis*, zu Schutzbefohlenen, erklärt, die aber ihre Religion weiter ausüben konnten. Indien in seiner Gesamtheit stand allerdings nie völlig unter dem Einfluss des Islam.

Grundzüge des Islam

Die Ursprünge des Islam gehen auf den Propheten Mohammed (570–632 n. Chr.) zurück, der in Mekka auf der saudi-arabischen Halbinsel geboren wurde. Mohammed verstand sich als der Letzte und Größte einer Reihe von 28 Propheten. Jesus war der 27. Prophet, David der 14., Abraham der fünfte, Adam der erste. Mohammed wollte ein Wohltäter der Menschheit sein, ein Vollkommener, dem der Koran (*Qur'an;* das Wort kommt vom arabischen *qara'a* = lesen, vortragen) als Offenbarung und Botschaft Gottes gegeben wurde. Weil die Gläubigen die arabische Sprache des Koran auch als göttlich verehren, wehrten sich viele Muslime lange gegen jegliche Übersetzung.

Mohammed verlor schon als Kind seine Eltern und wuchs in der Obhut seines Onkels auf. Er arbeitete später als Karawanenführer im Geschäft einer Witwe, die älter als er selbst war und die er später heiratete. Während dieser Tätigkeit reiste er in die Nachbarländer Saudi-Arabiens. Mit etwa 40 Jahren hatte Mohammed einen Traum, der ihn anwies, nach den Gesetzen des einen Gottes zu leben. Mohammed, der sich als mahnender Prediger mit den wohlhabenden Bürgern von Mekka überwarf, wurde gezwungen, die Stadt zu verlassen.

Er zog nach Yethrib, dem späteren Medina, wo er in der Gemeinschaft sehr aktiv wurde, geschätzt war und seine eigentlichen Fähigkeiten als Politiker und Führer entwickelte. Hier verfasste er die letzten Kapitel des Koran, der den Muslimen als Offenbarung Gottes gilt.

Die grundsätzliche Idee des Islam ist der Glaube an einen einzigen Gott (Allah), der die Welt erschaffen hat, lenkt und darüber richtet. Der Islam verlangt, dass der Mensch, der zur Hochmütigkeit neigt, sich dem Willen Gottes völlig unterwirft. Eine menschliche Freiheit ist im orthodoxen Sinne des Islam nicht möglich. Von dem einzigen und einmaligen Gott stammen alle Schöpfungen, Weltgesetze, die soziale Ordnung unter den Menschen, alle Gedanken, Philosophien, Möglichkeiten des Individuums, aller Anfang und Ende. Neben Allah auch an andere Götter zu glauben, wird als allerschwerste Sünde gewertet. Damit wandte sich Mohammed vor allem gegen den Polytheismus, der unter den Clans und Stämmen des alten Arabien weit verbreitet war.

Der Islam schätzt und verehrt das Alte Testament der Juden und Christen als gemeinsame Wurzel des Glaubens. Der Islam preist auch Jesus als Propheten, als Vorgänger Mohammeds, spricht ihm aber jede Göttlichkeit, auch den christlichen Gedanken der Dreieinigkeit von Gottvater, Sohn und Heiligem Geist, ab. Dies wäre eine ausschmückende nachträgliche Interpretation der Christen. Es würde natürlich auch eine Schwächung der Autorität Allahs bedeuten.

Wie im Christentum entscheidet das Gericht Gottes im Jenseits am Jüngsten Tag, ob die Seelen der Menschen in die Verdammnis der Hölle fahren oder die Freuden des Paradieses genießen werden. Beide Möglichkeiten werden in den Schriften des Islam detailreich beschrieben. Den sinnlichen Genüssen des Paradieses mit einer Überfülle an Speisen und den verheißungsvollen Liebesdiensten der Paradiesjungfrauen kommt aber nur derjenige näher, der über seinen Glauben hinaus auch aktiv gute Werke für den Glauben vollbracht hat.

Von jedem Muslim wird erwartet, dass es ihm gelingt, für sich allein und ohne Hilfe von Vermittlern eine Verbindung zu Gott herzustellen. Die Notwendigkeit von Priestern wird abgelehnt. Eine andere wichtige Verpflichtung gegenüber Allah ist die Anerkennung des islamischen Rechts, der *Sharia*, die das tägliche Miteinander der Gläubigen regelt und für deren Auslegung man einen Rechtsgelehrten aufsucht. Alle religiösen und weltlichen Gebote sind im Koran zu finden. Sie sollen die Menschen einsichtig machen und den Zusammenhalt unter den Muslimen gewährleisten. Der Islam vertritt eine Einheit von Politik und Religion.

Die fünf Säulen des Islam

Muslime müssen die so genannten ›fünf Säulen des Islam‹ beachten. Die erste Säule ist das Glaubensbekenntnis, *Shahada*, der Kern des islamischen Lebens. Das Glaubensbekenntnis muss öffentlich, hörbar und auf Arabisch gesprochen werden. Es lautet: »Ich bekenne, dass es keinen Gott gibt außer Allah. Ich bekenne, dass Mohammed der Gesandte Gottes ist.« Mit dem bewussten Aussprechen dieser Formel wird der Mensch Muslim und Teil der Gemeinschaft. Diese Worte begleiten den Muslim sein ganzes Leben, jeden Tag, zu jeder Gebetsstunde, er sagt sie als Einzelner oder in der Gemeinschaft. Diese Worte werden ihm in der Wiege ins Ohr zugeflüstert, und es sind auch seine letzten Worte im Sterben.

Der Übertritt zum Islam kann nicht rückgängig gemacht werden, eine Abkehr wird mit dem Tode bestraft. Daher raten die Rechtsgelehrten zur sorgfältigen inneren Prüfung.

Die zweite Säule ist das rituelle Gebet, *Salat*, das jeder Muslim zu fünf vorgeschriebenen Zeiten des Tages verrichtet. Der für die islamischen Länder so typische Ruf zum Gebet ergeht durch einen Muezzin (Ausrufer) vom Minarett einer Moschee. Die Gebetszeiten sind festgelegt auf die Morgendämmerung, mittags, nachmittags, abends und nachts. Die Gebete können gemeinschaftlich in der Moschee oder aber allein auf einer Gebetsmatte verrichtet werden. Die Betenden wenden sich in Richtung der heiligen Kaaba in Mekka. Vor dem Gebet muss der Gläubige sein Gesicht, seinen Kopf, die Arme, Füße und Fußgelenke reinigen und seine Schuhe ausziehen.

Das Mittagsgebet am Freitag ist das einzig verpflichtende Gemeinschaftsgebet der Woche. Im Unterschied zum normalen Gebet wird in der Moschee die Gemeinschaft als Ganzes angesprochen, oft in der Form, dass Koranstellen zitiert werden. Nur menstruierenden Frauen ist es erlaubt, dem gemeinsamen Freitagsgebet fernzubleiben.

Die dritte Säule des Islam ist das Geben von Almosen, *Zakat*. Dies wird auch als Teil des Gebets verstanden. Für den Muslim ist es eine moralische und soziale Pflicht, seinen Wohlstand mit den Armen und weniger Erfolgreichen in der Gesellschaft zu teilen. Allerdings besteht der Grundsatz, dass die Almosen von einem ehrlichen Verdienst kommen müssen. In der *Sharia* wird festgelegt, dass die alljährliche Almosengabe etwa zwei Prozent des Jahresgehalts eines Mannes bzw. der Familie betragen soll. *Zakat* wird nicht vom Staat als Steuer erhoben, sondern es ist jedem selbst überlassen, wann und wie er die Gabe verteilt. Wichtig ist, dass die Almosen so gegeben werden, dass sich der Empfänger in keiner Weise erniedrigt fühlt. Der Almosengeber soll sich über die Gelegenheit freuen, geben zu dürfen.

Die vierte Säule des Islam verpflichtet alle Gläubigen dazu, während des heiligen Monats Ramadan, dem zehnten Monat im Islamkalender, zu fasten. Die grundsätzliche Idee des Fastens ist eine Danksagung für die Gaben des täglichen Lebens. Der zeitweise Verzicht darauf soll die Menschen an diese Werte erinnern. Gefastet wird bei der ersten Sichtung des Neumonds bis zum folgenden Neumond. Sollte wegen schlechten Wetters der Mond nicht zu sehen sein, so ist die Fastenzeit auf 30 Tage festgelegt.

Fasten bedeutet, von Sonnenaufgang bis Sonnenuntergang nicht zu essen, zu trinken, zu rauchen, keinen Geschlechtsverkehr auszuüben und kein Parfum zu verwenden. Das Fasten ist für alle erwachsenen Muslime vorgeschrieben, ausgenommen sind Kranke und Reisende. Frauen sind bis zu 40 Tage nach einer Geburt vom Fasten ausgenommen, außerdem während ihrer Menstruation. Schwangeren Frauen ist das Fasten freigestellt. Der Fastenmonat Ramadan stellt ein starkes Gemeinschaftsgefühl unter Muslimen her. In die letzten zehn Tage fällt traditionell die Erinnerung an die Offenbarung des Koran, allerdings wird dieses Ereignisses in Indien am ersten Tag des Fastenmonats gedacht. Seinen Abschluss findet der Ramadan mit dem großen Fest *Eidul-Fitre*.

Die fünfte Säule des Islam ist die Pilgerfahrt nach Mekka, genannt *Hajj*, die ein Muslim mindestens einmal in seinem Leben unternehmen soll, vorausgesetzt, er hat die Mittel dazu. Die Pilgerfahrt findet traditionell im zwölften Monat des islamischen Kalenders statt, eine kleinere Version davon kann aber auch zu jeder anderen Zeit des Jahres abgehalten werden. Der *Hajj* ist ein spiritueller Meilenstein im Leben eines Muslims und besteht neben der siebenmaligen Umrundung der heiligen Kaaba aus einer ganzen Reihe weiterer Zeremonien, die zusammen etwa 15 Tage einnehmen. Am zehnten Tag wird das Opferfest *Eid ul-Adha* oder, wie es in Indien genannt wird, *Bakr-Id* gefeiert, das hier einen Tag dauert, auf der Pilgerfahrt dagegen vier Tage.

Glaubensrichtungen im Islam

Nach Mohammeds Tod kam es in der Muslim-Gemeinde zu einer großen Glaubensspaltung, aus der zwei bedeutende Sekten hervorgingen. Dies sind einerseits die Sunniten (vom arabischen Wort *sunna* = Brauch, Gewohnheit) und andererseits die Schiiten (von *Shiat Ali*, die Partei Alis). Weltweit sind etwa 85 Prozent aller Muslimen Sunniten, die übrigen Schiiten. Diese zwei großen Richtungen sind wiederum unterteilt in einzelne Schulen und Gründer. Auf der Basis der Gesetze im Koran bildeten sich unter den Anhängern der Sunniten mehrere Rechtsschulen, wobei die Schule der Hanafiten, nach dem Gründer Abu Hanifa (699–767 n. Chr.) benannt, die weitverbreitetste im indischen und zentralasiatischen Raum ist. Die Mehrheit der muslimischen Bevölkerung in Indien sind Sunniten der Hanafiten-Richtung, einer liberalen und intellektuell geprägten Rechtsschule, die dem Individuum im Vergleich zu allen anderen Richtungen am meisten Entscheidungsspielraum lässt.

Ausnahme ist der nordwestliche indische Bundesstaat Jammu und Kashmir, wo die Mehrheit der Muslime schiitischer Ausrichtung ist.

Feste

Islamische Feste sind vom Koran vorgeschrieben. Daher gibt es im indisch-islamischen Jahr eigentlich nur zwei Feste, die von allen Muslimen befolgt werden müssen: das Fest am Ende des Fastenmonats Ramadan und das Opferfest *Bakr-Id*. Nicht vorgeschrieben, aber in Indien und vielen anderen islamischen Ländern trotzdem von großer Bedeutung, ist das Geburtstagsfest des Propheten Mohammed, genannt *Eid Milad-un-Nabi*. Es findet im Hindumonat *Jyaistha* (Mai/Juni) statt. Vom Standpunkt der Muslime ist es das wichtigste Ereignis in der gesamten Weltgeschichte. Die Freude über Mohammeds Geburtstag ist aber eingeschränkt, da in Indien am gleichen Tag auch seines Todes gedacht wird. Daher haben die Feiern an diesem Tag eher besinnlichen Charakter.

Die muslimischen Feste sind bedeutende Ereignisse im indischen Jahreskalender. Darüber hinaus gibt es Festtage, die speziell für die in Indien bekannten Muslim-Heiligen stattfinden. Man glaubt, dass sich die Seele des Heiligen, die man sich als weiblich vorstellt, mit dem liebenden Gott vereint. Ein Besuch an den Grabstätten dieser Heiligen ist das Ziel der Pilger. Zur Grabstätte des bekannten Muslim-Heiligen Moin-ud-din Chishti in Ajmer in Rajasthan, den auch der Mogul-Kaiser Akbar verehrte, pilgern Muslime und Hindus gleichzeitig.

Der Mond und die Zeitrechnung

Dem Koran folgend wird im Islam die Zeit nach den Mondphasen bestimmt. Der Tag beginnt bei Sonnenuntergang. Bis vor einem halben Jahrhundert wurde in Saudi-Arabien nach Vollendung des Sonnenuntergangs ein Kanonenschuss abgefeuert, ein Signal, alle Uhren auf 24 bzw. null Uhr zu stellen. Der Monat beginnt für die Muslime, sobald zwei verlässliche Zeugen die schmale Mondsichel gesichtet haben. Dies gilt, obwohl die Muslime mit Astronomie und der Berechnung des Laufs der Gestirne seit langem vertraut sind. Das reine Mondjahr des Islam ist um zehn bis elf Tage kürzer als unser Sonnenjahr. Somit läuft der Fastenmonat Ramadan innerhalb von 33 Jahren durch alle Jahreszeiten. Der Mond wird von den muslimischen Dichtern verehrt und ist Gegenstand vieler romantischer Betrachtungen. Die Mondsichel wurde zum Symbol für den Islam.

Küsten und Berge, Tempel und Klöster

Am Garsi-Sagar-Wasserreservoir
von Jaisalmer (Rajasthan)

Reislesen, Akalkot
(Maharashtra)
S. 189 In der Umgebung
von Akalkot

Dorf bei Mundgod (Karnataka)

Dorfküche

oben Hindutempel bei Hyderabad
links Golconda Fort, Hyderabad

Jahrmarkt (Mela) in Daulatabad (Maharashtra)
S.194/195 In der Umgebung von Hyderabad (Andhra Pradesh)

oben Unterwegs in Goa
links Ornamente aus Reismehl *(Kolam)* vor einem Hauseingang in Tamil Nadu

Kürbis- und Tonbehälter auf einer Fensterbank

Tonstatuen bei Puducherry (früher Pondicherry)

Wandrelief in Mamallapuram
(Tamil Nadu)

Abendstimmung in Goa

oben Kathakali-Tänzer, Cochin (Kerala)
links Bharatya Natyam, der klassische indische Tanz, Bangalore (Karnataka)

Händler nehmen den Fang der Fischer entgegen, Versova Beach, Nord-Mumbai.

Traditioneller Frachtkahn (Kettuvallam) in den Backwaters von Kerala

Fischtrocknen am Versova Beach, Nord-Mumbai

KERALEEYA

links Frachtboot mit Muschelkalk aus dem Seegrund zur Zementherstellung
unten An den Kanälen der Backwaters

Der Thiruvalathur-Tempel
bei Palakkad (Kerala)

Straßenhändlerinnen am Berg Girnaz (Gujarat)

Sandskulptur der Göttin Kali bei Puri (Orissa)

Eine Bar am Calangute Beach nördlich von Goa.
Die Strände sind ein beliebtes Sportareal.

In Puri (Orissa)

oben Ausfahrt der Fischer von Kovalam im Morgenlicht
links Fischer aus Kovalam (Kerala)

oben Meersalzgewinnung in Murda, nördlich von Mumbai
rechts Muschelfischer auf dem Vembanad-See (Kerala)

Am Strand von Puri (Orissa)

Auf dem Dach des Maharadja-Palastes von Sailana (Madhya Pradesh)

Traditionelle chinesische Fischernetze in Cochin (Kerala)

oben Abend über Puri (Orissa)
links Hindugottheiten am Minakshi-Tempel in Madurai (Tamil Nadu)

Höhle Nr. 10 in Ellora, eine Gebetshalle *(chaitya)* mit Buddha-Skulptur (Maharashtra)

Blick auf den Arunachalesh-wara-Tempel in Tiruvannamalai (Tamil Nadu)

oben Lambadi-Frauen (Banjari) beim Dreschen (Andhra Pradesh)
links Junge Lambadi (Banjari)

Am Straßenrand (Kerala)

Bauer in Kerala

ACT

Dreharbeiten zu einem Unterhaltungsfilm bei den Qutb Shahi-Königsgräbern, Hyderabad

Die Frauen eines Haushalts in Kutch (Gujarat)

Lambadi (Banjari) vor einem Hauseingang in einem Dorf
nahe Akalkot (Maharashtra)

oben Auf dem Markt von Hubli (Karnataka)
rechts Auf dem Markt von Akalkot

Tempel bei Daulatabad
(Maharashtra)

rechts Waschung vor dem Taj Mahal (Uttar Pradesh)
S. 244/245 Vorbereitungen zu einem Tempelfest, Bhubaneshwar (Orissa)

oben Das Taj Mahal
rechts Junge Frau in Delhi

Der Qutb Minar in Delhi

Säulengang zum alten Qutb Minar

Der Maharadja-Palast von Sailana und sein berühmter Kakteengarten (Madhya Pradesh)

Grabmal der Lodi-Dynastie, Lodi-Gärten, Delhi

Windtrocknen von Kleidungsstücken nach einem Bad in Jodhpur (Rajasthan)

Bauern beim Markttag in Pushkar (Rajasthan)

oben Dhobi (Wäscher) am Yamuna-Fluss, Delhi
rechts Tochter eines Wäschers
S. 256/257 Wasserbüffel im Yamuna bei Delhi

Wäscher am Yamuna, Delhi

oben Wäschestück
rechts Yogaübung eines 78-Jährigen am Straßenrand, Bhaktapur (Nepal)

Stadtpalast und Shiv Niwa,
das ehemalige Gästehaus,
in Udaipur (Rajasthan)

oben Grabmal des afghanischen Kommandeurs Isa Khan (Delhi)
rechts Grabmal des Mogul-Herrschers Humayun (Delhi)

oben Deckenfresken in der Halle von Kusum Sarovar in der Nähe von Vrindavan (Uttar Pradesh)
links Ruinen des Wasserpalastes Jal Mahal bei Jaipur (Rajasthan)

links Der Stadtpalast von Jaipur (Rajasthan); rechts die Diwan i Khas, Halle für Privataudienzen des Maharadja
unten Vor einer Tür des Stadtpalastes

Sibirische Kraniche im Naturreservat Bharatpur (Rajasthan)

Bauerngehöft bei Dehradun (Uttarakhand)

Affenhorde bei Amritsar (Punjab)

Punjabi mit Haustier

oben Busfahrgäste in Gujarat
links Unterwegs mit dem Zug

Auf dem Weg nach Pushkar (Rajasthan)

Hirte des Rabari-Stammes bei Kutch (Gujarat)

Eine Rabari-Frau besorgt Wasser im Rann von Kutch (Gujarat)

oben Getrockneter Basmati wird zu Garben gebunden (Uttarakhand).
rechts Hausstand und Schlafstätte der Rabari-Nomaden im Rann von Kutch

Unterwegs mit Tragekörben zwischen Reisterrassen,
Kathmandu-Tal (Nepal)

Morgens in Mandi (Himachal Pradesh)

oben Familie in der Wintermorgensonne, Kathmandu (Nepal)
links Hauseingang in Pokhara (Nepal)

یا رحیم
روز شنبه

oben Kinder vom Volk der Kashmiri, Srinagar (Kashmir)
links Grab eines Muslimen

Eine Gruppe von Mönchen auf dem Weg zum Kloster,
Industal bei Leh (Ladakh)

Reisegefährten an einer Bushaltestelle in Ladakh

Versammlung vor dem Palast von Leh (Ladakh)

Blick von der Burg Namgyal Tsemo
auf das Sankar-Tal bei Leh (Ladakh)

In der Umgebung des Klosters Lamayuru; am Hang die Straße nach Khalatse (Ladakh)

Das alte und sagenumwobene Großkloster Lamayuru an der Karawanenroute nach Tibet und China (Ladakh)

oben Pilgerinnen im Kloster Lamayuru
links Beim Kloster Ridzong (Ladakh)

Blick auf die Burg Namgyal Tsemo und den Palast von Leh (Ladakh)

Ladakhis bei einer Tasse Buttertee

oben Tempel im Abendlicht (Ladakh)
rechts Tibeterin in Kathmandu (Nepal)

Blick über das Industal bei Leh; im Vordergrund ein Tschörten (Stupa)

oben Blick vom Kloster Matho ins Industal
rechts Der Abt des Klosters Matho

oben Frauen auf den Terassenfeldern bei Sankar, Leh
links Blick auf das Suru-Tal zwischen Kargil und Mulbekh (Ladakh)

Straße bei Khalatse (Ladakh)

Reisender Tibeter in einer Teestube

Auf der Straße nach Likir

Mani-Steine, mit eingemeißelten Sanskrit-*Mantras* und glücksbringenden Zeichen versehen

oben Kloster Ridzong (Ladakh)
links Eingang zu einem Privathaus in Ladakh

Angmo Tsering mit Tochter, Sankar bei Leh (Ladakh)

Küche der Familie Tsering

Eselkarawane bei der Stuparuine Tisseru
auf dem Weg ins Industal

Buddhismus

Die Religion des Buddhismus geht auf die historische Person des Asketen Siddhartha Gautama zurück, der als Erwachter oder Erleuchteter *Buddha* unter dem Namen Buddha Shakyamuni (der Weise *Muni* aus dem Geschlecht der Shakya) bekannt wurde.

Buddha kam wahrscheinlich um 563 v. Chr. als Sprössling der Fürstendynastie Shakya von Kapilavastu, einer Stadt an der Grenze zu Nepal, zur Welt. Die Legende berichtet, dass er bei Vollmond nahe dem Ort Lumbini ohne Schmerzen aus der Hüfte seiner Mutter geboren wurde. Seine Mutter starb aber eine Woche nach der Geburt, und er wuchs in Obhut der Schwester seiner Mutter auf, ebenfalls eine Gattin seines Vaters. Siddhartha Gautama, der aus der gehobenen Kriegerkaste der *Kshatriyas* stammte – daher wird er in bildlichen Darstellungen meist mit einem Haarknoten auf dem Kopf gezeigt –, heiratete mit 16 Jahren. Die Ehe blieb zwölf Jahre kinderlos, bis schließlich der Sohn Rahula geboren wurde. Von Begegnungen mit kranken, alten und bedürftigen Menschen tief berührt, sagte sich Siddhartha Gautama mit 29 Jahren von seiner Familie und der privilegierten sozialen Stellung am Hof los und reiste als Wanderasket zu verschiedenen Orten im Gangesgebiet im heutigen Bundesstaat Bihar.

Ihn beschäftigte vor allem die Tatsache der Vergänglichkeit aller Dinge, und er wollte nach grundlegenden Wahrheiten der menschlichen Existenz forschen. Buddha versuchte sich zunächst bei Lehrern zu bilden, die Disziplinen und Meditationstechniken des Hinduismus vermittelten, aber er trennte sich nach kurzer Zeit von ihnen, da er ihre Unterweisungen als unbefriedigend empfand.

Nach sechs Jahren asketischer Übungen, nach Fasten bis zur völligen Entkräftung (ein Weg, den er als falsch erkannte), zunächst in Gesellschaft fünf anderer Asketen, später in einsamer Meditation in völliger Zurückgezogenheit, hatte er mit 35 Jahren unter dem berühmten Bodhi-Baum (Feigenbaum) ein Erleuchtungserlebnis und fand Anworten auf seine Fragen. Es ist überliefert, dass er zuerst zögerte, sein Wissen mitzuteilen, aber er sprach dann doch in Sarnath (nahe Patna in Bihar) vor seinen wiedergefundenen Asketen-Brüdern. Sie wurden zu seinen ersten Anhängern. Damit setzte Buddha das so genannte ›Rad der Lehre‹ in Gang, das auf vielen Bildern und Plastiken symbolisch als achtspeichiges Rad dargestellt ist. Buddha predigte seine Erkenntnisse 45 Jahre lang an mehreren Orten des Gangesgebietes, gewann eine breite Anhängerschaft unter Asketen, Bürgern, Adeligen und Königen, die er auch in allgemeinen Lebensfragen beriet. Er gründete eine Mönchsgemeinschaft, *Sangha*, die sich von Almosen ernährte. Buddha starb 463 v. Chr. im Alter von 80 Jahren. Seine Reliquien wurden auf acht Orte seines Wirkens verteilt.

Die Lehre Buddhas

Buddhas Erkenntnisse und die Schlussfolgerungen daraus setzen sich im Wesentlichen aus Beobachtungen in der Natur, den Daseinstatsachen des menschlichen Lebens und den Vorstellungen des Hinduismus zusammen. Buddha propagierte

oben Felsrelief der fünf Dhyani-Buddhas bei Shey (Ladakh)
links Buddhafiguren im Changspa-Tal bei Leh

Im Kloster Tikze (Ladakh)

den mittleren Weg zwischen Genussstreben und Askese. Als Kern seiner Lehre formulierte er vier Fragen, deren Antworten die so genannten ›Vier edlen Wahrheiten‹ bilden:

1) *Was ist Leid?* – Leid und Schmerzen entstehen durch Geburt, Alter, Krankheit, Tod, Getrenntsein von Geliebtem, Vergeblichkeit des Strebens, Abhängigkeiten.

2) *Was ist die Entstehung des Leids?* – Es entsteht durch Lust auf Leben, Bindungen, Triebleben und Vergnügungssucht, Machthunger, Gier, Neid, Hass, Gewalt – die einzeln oder zusammen den Kreislauf der Wiedergeburten in Gang halten.

3) *Was ist die Aufhebung des Leidens?* – Die Unterdrückung bzw. Aufhebung der Entstehungsfaktoren des Leids.

4) *Welches ist der Weg zur Aufhebung des Leidens?* – Es ist der achtgliedrige Weg: rechte Ansicht, rechter Entschluss, rechte Rede, rechtes Verhalten, rechter Lebensunterhalt, rechte Anstrengung, rechte Achtsamkeit, rechte Meditation.

Sicherlich hat sich keine andere Religion der Welt so intensiv mit dem Leid auseinandergesetzt.

Das Beachten der vier edlen Wahrheiten sowie des achtgliedrigen Wegs und die dazu notwendige Disziplin und Kontemplation führen letztendlich zur Erleuchtung oder Heiligkeit sowie zum Eingehen ins *Nirvana*, ins als erlösend verstandene Nicht-wieder-geboren-Werden, das einem Auslöschen – jenseits des Todes, der nur Wiedergeburt bedeuten würde – gleichkommt. Buddhas Leben steht als Beispiel für die Verwirklichung dieses Ziels. Genau genommen kann er also im *Nirvana* nicht mehr angerufen werden.

Im Gegensatz zum Hinduismus kommt Buddha zu dem Schluss, dass das Individuum ohne überdauernde Seele ist, dass es keinen unvergänglichen Wesenskern gibt. Die Ich-Vorstellungen des Menschen beziehen sich auf Lebenstatsachen, die Buddha in fünf Gruppen einteilt: a) Körper und Sinne, b) Empfindung, c) Wahrnehmungen und Vorstellungen, d) Triebkräfte, e) Bewusstsein.

Blick vom Kloster Tikze auf das Industal

Alle Ideen eines ›Selbst‹ sind auf diese Gruppen bezogen und daher vergänglich, es gibt nichts, was jenseits dieser Bedingungen weiterlebt. Der Mensch wird eingebunden in die Natur gesehen, die ihren ewigen Kreislauf von Werden und Vergehen durchlebt und in dem ihm keine Sonderstellung zukommt.

Buddha betont, dass die Vorstellung eines Selbst die Hauptursache allen Leidens ist. Daher ist die Erlösung vom Leiden an die Verwirklichung des Konzeptes vom ›Nicht-Selbst‹, *Anatta*, gekoppelt.

Der Zustand der Welt ohne Wesenskern und Selbst hat sich später zum wichtigen buddhistischen Begriff der Leere, *Sunyata*, entwickelt. Dem steht das Ziel der vollkommenen und absoluten Buddha-Natur gegenüber, genannt *Tattva*.

Vom Hinduismus übernommen ist die These der Wiedergeburt aller Wesen sowie die von der Vergeltung der Taten (im Buddhismus zählen sogar die Tatmotive) des früheren Lebens mit einer besseren oder schlechteren Wiedergeburt. Auch der buddhistische Erlösungsgedanke, *Nirvana*, entspricht dem hinduistischen *Moksha*.

Der Widerspruch, dass eine Seele als fortlaufender Bewusstseinsträger nicht existiert, aber der Mensch doch entsprechend seinem Denken und Handeln wiedergeboren wird, ist für den Buddhismus-Interessierten nicht leicht nachzuvollziehen. Der Buddhist erklärt es am Beispiel von zwei in ihrer Substanz verschiedenen Kugeln, die je ein Menschenleben repräsentieren. Eine Kugel rollt, stößt die andere Kugel an, versetzt ihr damit einen Impuls für Bewegung und Richtung, bleibt aber selbst liegen. Auf diese Weise findet eine Beeinflussung statt, aber keinesfalls geht etwas von der Substanz einer Kugel auf die andere über.

Buddha hat nicht versucht, die Kastenordnung abzuschaffen, da er sie mit dem Moralgesetz der Wiedergeburt verbunden sah. Allerdings wurde die Kaste des Mönchs beim Eintritt in seinen Orden bedeutungslos.

Angelehnt an den Hinduismus sind die später im Buddhismus entwickelten Vorstellungen der kosmischen Zeit, die nicht in Jahren, sondern in Äonen, *Kalpas*, berechnet ist, dazu die verschiedenen Weltsysteme und Sphären mit Menschen- und Götterleben (auch sie unterliegen Sterblichkeit und Leiden), Himmeln wie auch heißen und kalten Höllen. Nach buddhistischer Sicht leben wir in unserer Zeit in einer günstigen Epoche.

Buddhas Lehre macht den Menschen, sein Handeln und Denken allein verantwortlich für sein Schicksal. Die Welt nimmt ihren Lauf, daran lässt sich nichts ändern, aber der Einzelne kann durch eine verantwortungsvolle Haltung und Handlungsweise sein Leben und das seiner Mitmenschen entscheidend verbessern. Der Buddhismus ist eine Geistesschulung; er will zu Selbstkontrolle, Bescheidenheit, Großzügigkeit, Mitgefühl und Erbarmen, Zufriedenheit, innerer Unabhängigkeit, Gewaltlosigkeit, Abkehr von materiellem Gewinnstreben und auch Schweigen anleiten – alles aus dem Blickwinkel, irgendwann das ferne Ziel des *Nirvana* zu erreichen. Die buddhistische Philosophie wird als ›dialektischer Pragmatismus‹ bezeichnet; sie vertritt eine eher pessimistische Lebensanschauung, da sie die Welt und das Alltägliche als vergänglich und daher unbefriedigend zurückweist. Trotzdem fällt die allgemein heitere Gelassenheit der Buddhisten auf.

Die buddhistische Mönchstradition

Traditionell nehmen Buddhisten Zuflucht bei der Lehre Buddhas, *Dhamma,* sowie der Mönchsgemeinschaft, *Sangha,* die von alters her die Lehre Buddhas bewahrte und verbreitete.

Die ursprünglichen Mönchsregeln waren auf Wandermönche abgestimmt und hatten drei Ideale: Armut, Zölibat und Friedfertigkeit; der Mönch war heimat- und hauslos und besaß nur eine Almosenschale, Nähnadel, Rosenkranz, Rasiermesser und Trinkwasserfilter. Geldbesitz war verboten, daher musste der Mönch für sein Essen betteln. In den späteren Klosterverordnungen wurden die Regeln für die Besitzlosigkeit und Nahrungsbeschaffung geändert. Ordination als buddhistischer Mönch, *Bhikku,* bedeutet, sich den Ordensregeln, die auf die Lehre Buddhas und sein Leben als Mönch zurückgehen, zu unterwerfen. Gewarnt wurden die Mönche immer wieder vor den Gemütsturbulenzen durch Sinnesfreuden und Sexualität, da sie von der Praxis der Meditations- und Entspannungstechnik ablenken. Der spätere Buddhismus kennt aber auch verheiratete Mönche. Innerhalb der buddhistischen Gemeinde wird zwischen Mönchen und Einsiedlern, die das Rückgrat der Religion bilden, einerseits sowie Laien andererseits unterschieden. In Tibet soll zeitweise jeder dritte männliche Einwohner in einem buddhistischen Kloster gelebt haben. Es gibt auch Nonnen und Frauenklöster, und im buddhistischen System können auch Frauen Heiligkeit und *Nirvana* erreichen; für eine Buddhaschaft allerdings müssen sie eine männliche Geburt anstreben. Der traditionelle Buddhismus kennt keine weiblichen Buddhas.

Buddhistische Lehren existierten lange nur in der Überlieferung von Mönchen, wurden memoriert und weitererzählt; die umfangreichen Lehrreden des Buddha nannte man etwas Gehörtes, *Sutta.* In drei Konzilen, von denen das erste unmittelbar nach dem Tode des Buddha stattfand, ordneten die Mönche die Lehrreden und Ordensvorschriften in fünf Sammlungen. Erst nach dem dritten Konzil ca. 400 Jahre nach Buddhas Tod wurde die ganze Lehre in der *Pali*-Schrift in Sri Lanka niedergeschrieben und später in verschiedene Sprachen des asiatischen Raumes übersetzt.

In der Umgebung des Klosters
Trakthok (Ladakh)

oben Kloster Lamayuru (Ladakh)
rechts Felsformation bei Lamayuru

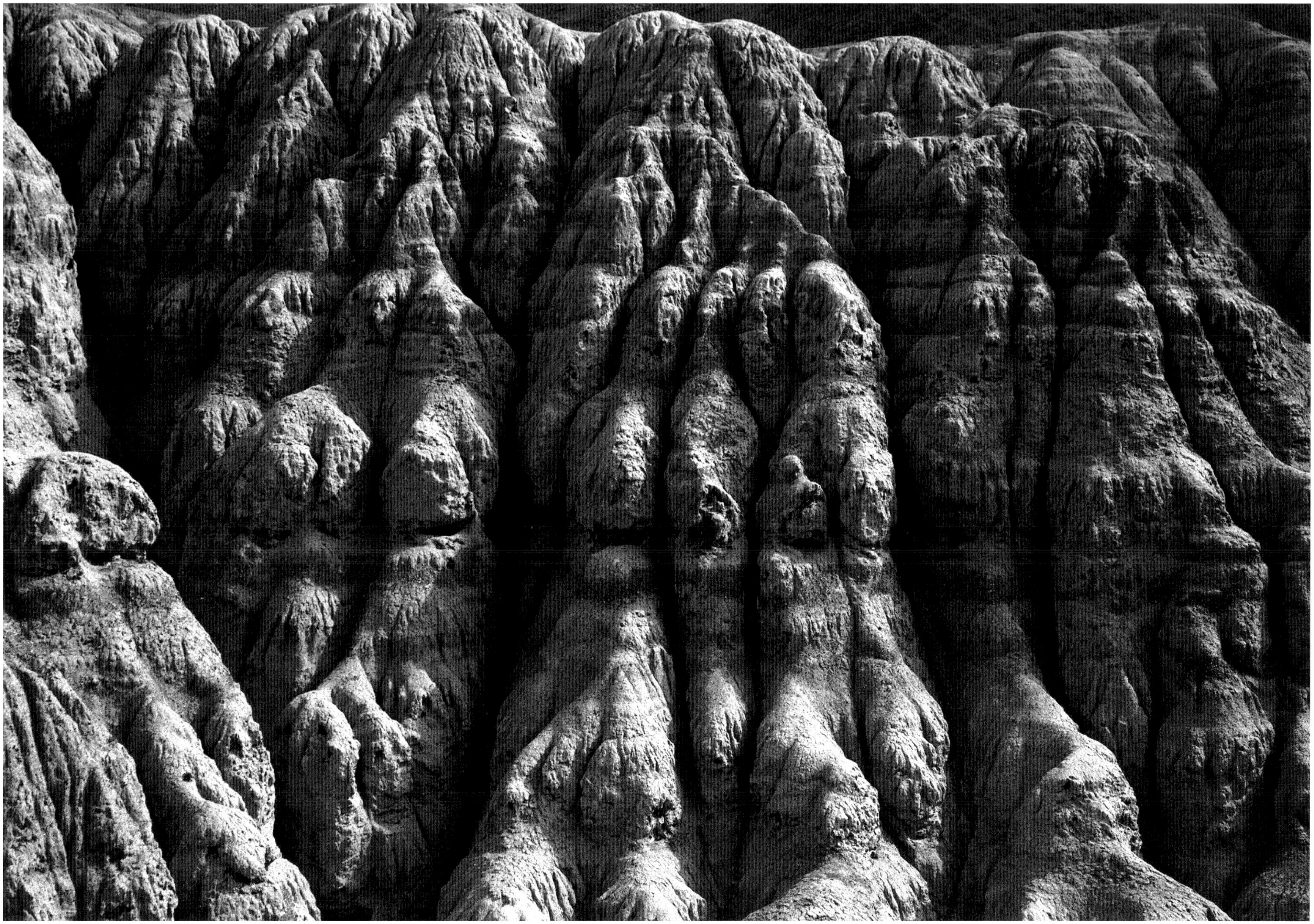

Gebetspause im Kloster Likir (Ladakh)

Die zwei Grundrichtungen des Buddhismus

Auf dem zweiten Konzil, etwa 100 Jahre nach Buddhas Tod, kam es wegen unterschiedlicher Auffassungen der überlieferten Mönchsordnung zu einer folgenreichen Ordensspaltung. Von da an gab es zwei buddhistische Grundrichtungen: einerseits die *Theravada*-Buddhisten, die die ursprüngliche Lehre mit dem Mönchsleben und dem *Arhat*-Ideal, dem asketischen Heiligen, vertreten, der Buddhaschaft und *Nirvana* sucht. Diese Richtung wird *Hinayana*, ›das kleine Fahrzeug‹, genannt. Vereinfacht gesagt, kümmert sich der Gläubige in der *Hinayana*-Tradition um sein persönliches Heil und will so die Welt überwinden.

Anders bei der Bewegung der *Mahayana*-Buddhisten, die die Lehre allen Menschen zugänglich machen wollen. *Mahayana* will der Welt zur Erlösung verhelfen, es wird daher ›das große Fahrzeug‹ genannt; es betont Mitgefühl, Liebe und Selbstlosigkeit und entwickelte das Bodhisattva-Ideal. Ein Bodhisattva ist ein Erleuchteter, der das *Nirvana* hinauszögert, um anderen Menschen auch zur Erlösung zu verhelfen. Die *Mahayana*-Buddhisten sehen Gautama Buddha als eine Manifestation des kosmischen, ewigen Buddha an, der zu verschiedenen Zeiten erscheint, um den Weg der Befreiung, *Dhamma*, zu verkünden.

Der Buddhismus ist wie der Hinduismus, das Christentum und der Islam eine Weltreligion und hat sich über den gesamten asiatischen Raum ausgebreitet. Buddhas Lehre ist zum Träger und gemeinsamen Nenner vieler verschiedener fernöstlicher Kulturen geworden. Buddhas Einsichten in die menschliche Existenz haben weltweit zahlreiche Philosophen beeinflusst.

Sitzende, stehende und lehrende Buddhafiguren, die den Anflug des sanften Lächelns innerer Gelöstheit tragen, findet man in Stein, Bronze und Gold fast überall – sie sind Ikonen Asiens. Der *Theravada*-Buddhismus ist heute in Sri Lanka, Burma, Thailand, Laos und Kambodscha zu finden. Der *Mahayana*-Buddhismus dagegen ist vor allem in China, Vietnam, Japan, Korea und der Mongolei verbreitet. Gerade der *Mahayana*-Buddhismus hat viel zur Humanisierung der Länder Asiens beigetragen.

Aus einem Buddha wurden viele Buddhas. Der tibetische Buddhismus hat eine komplexe Ikonographie von irdischen und transzendenten Buddhas sowie rettenden männlichen und weiblichen Bodhisattvas, die wie Götter mit verschiedenen Eigenschaften verehrt werden und mit denen sich der Gläubige in seiner Meditation identifiziert. Manche Manifestationen der transzendenten Buddhas und Bodhisattvas werden mit ihren tantrischen Partnerinnen, Yoginis, in Liebesvereinigung gezeigt, was das Freisetzen der sexuellen Phantasien zur Erlösung symbolisiert. Immer wieder sieht man auch Buddhas mit erschreckendem Aussehen. Hier wird der jeweilige Buddha in seiner Schutzfunktion gegenüber der Religion dargestellt, da in Tibet der Glaube vorherrscht, dass Dämonen nur durch böses Aussehen vertrieben werden können. Schließlich werden noch Heilige, Weise (z. B. Milarepa, Padmasambhava) und Lehrer aus der Geschichte des tibetischen Buddhismus verehrt. Der tibetische Buddhismus integrierte auch Elemente der im Himalaya ursprünglich verbreiteten Bön-Religion, einer Naturreligion mit Ahnen- und Geisterglaube sowie magischen Praktiken.

Tashi und Angmo Tsering mit Tochter, meine Herbergsfamilie in Ladakh

Dieses Buch zeigt zwei alljährlich stattfindende buddhistische Feste. Zum einen auf Seite 85 einen rituellen Tanz während des Hemis-Klosterfests in Ladakh (Provinz Jammu und Kashmir). Sie werden Tschamtänze genannt und sind Mysterienspiele, die von der Bön-Religion und dem tibetischen Buddhismus geprägt wurden und belehrenden Charakter haben. Zum anderen das tibetische *Monlam*-Gebetsfest (buddhistisches Neujahrsfest) im südindischen Exilkloster Ganden (Seite 87–97).

Ladakhi-Frauen mit Kindern

Das tibetische Totenbuch

Feste für Übergangsriten der verschiedenen Lebensstadien (wie im Hinduismus) sind im Buddhismus nicht universell vorgeschrieben, sondern richten sich nach dem Brauchtum einzelner Länder. So ist etwa die Hochzeit generell eine weltliche Angelegenheit, für die aber, je nach Sitte des Landes, vor einer Buddhastatue oder einem Altar ein Segen erbeten oder Gelübde abgelegt werden. Dagegen erfordern die Bestattungsriten ausführlichere buddhistische Rituale und den Beistand der Mönche. Eine buddhistische Bestattung, in der Regel eine Verbrennung, findet in gedrückter Stimmung statt, da ja für die meisten Verstorbenen keine Erlösung, sondern eine Wiedergeburt zu erwarten ist und nach der Lehre Buddhas auch der Tod Leid bedeutet. Hier sind die Laien von kundigen Mönchen abhängig, die den Ablauf notwendiger religiöser Zeremonien kennen; es gibt vorgeschriebene Gesänge, Verse, religiöse Fürsprachen, die von Buddha selbst stammen und dem Verstorbenen zugutekommen sollen. Einem breiteren Publikum im Westen sind die Texte und Rituale des tibetischen Totenbuchs, *Bardo Thödöl*, bekannt geworden, die u. a. den Weg des Verstorbenen durch drei Zwischenstufen, *Bardo*, schildern, bis er nach 49 Tagen die Eltern für seine Wiedergeburt auswählt. Ein Mönch, auch Lama (= Lehrer) genannt, begleitet den Verstorbenen durch die Reise zwischen Tod und Wiedergeburt und spricht ihm zu, z. B. dass er vor der Erscheinung des ›Klaren Lichts‹ keine Angst empfinden möge. *Thödöl* bedeutet Befreiung durch Hören. Vor der drohenden Auslöschung seines Ichs durch das ›Klare Licht‹ gerät der Verstorbene jedoch meist in Panik. Nach einer peinigenden Zwischenstation im Reich des Todesgottes Yama, wo dem Verstorbenen seine Taten vorgeführt werden, wünscht der Tote in der Regel eine Wiedergeburt. Dieses Buch geht auf Schriften des 14. Jahrhunderts zurück, erschien in deutscher Übersetzung erstmals 1935 und wurde von einem viel beachteten Vorwort des mit dem Buddhismus sympathisierenden Psychologen C. G. Jung begleitet.

Die Feste

In den buddhistischen Ländern gibt es je nach *Theravada*- oder *Mahayana*-Ausrichtung sehr viele fröhliche Feste, angefangen mit den Neujahrsfeierlichkeiten, basierend auf der buddhistischen Zeitrechnung. Daneben gibt es allmonatliche Feiern bei Vollmond, die Buddha ehren, jahreszeitliche Feste, Gedenken an Buddhas Lebensstadien, seinen Geburtstag und vieles mehr. In der Blütezeit des Buddhismus in Indien fanden im ganzen Land zahlreiche und zum Teil große Zeremonien, feierliche Prozessionen, pantomimische Darstellungen aus Buddhas Leben sowie Opferhandlungen vor seinen Reliquienschreinen statt (der chinesische Pilger Fa-Hsien berichtet ca. 400 n. Chr. davon). Der große Lehrer fand breite Verehrung. Heute allerdings, da der Buddhismus aus Indien fast völlig verschwunden ist, gibt es nur noch ein großes Fest, das Buddha gewidmet ist: *Buddha Jayanti* zu Vollmond im Hindumonat *Vaisakha* (April/Mai). Die Buddhisten fasten an diesem Tag und beten im Tempel vor den Buddhastatuen. Manche pilgern zum Geburtsort Lumbini oder nach Bodhgaya, zum Ort seiner Erleuchtung, sowie nach Kushinagara, zum Ort seines Eingehens ins *Nirvana*. *Buddha Jayanti* ist außerdem ein Nationalfeiertag.

Verbreitung des Buddhismus

Heute gibt es in Indien nur noch sechs Millionen praktizierende Buddhisten, damit hat der Buddhismus weniger Anhänger als die Sikh-Religion oder sogar die Christengemeinden. Wie kam es, dass eine Weltreligion aus ihrem Geburtsland fast verschwunden ist?

Im 3. Jahrhundert v. Chr., unter der Regierungszeit des Kaisers Ashoka (321–297 v. Chr.), dem entscheidenden Förderer des Buddhismus, breitete sich die Lehre Buddhas als Staatsreligion über weite Teile Indiens bis nach Sri Lanka aus. Ashoka ließ im ganzen Reich Ediktsäulen aus Stein oder Marmor errichten, die seine Gesetze und eine vereinfachte Fassung der Lehre Buddhas propagierten.

Die Ediktsäule von Sarnath trug auch das berühmte Löwenkapitell (vier Löwen, je einer pro Himmelsrichtung), das heute das Staatswappen der Republik Indien ist; es trägt in *Devanagari*-Schrift die Worte ›Nur die Wahrheit siegt‹. Das buddhistische Rad der Lehre ist übrigens auf der Nationalflagge Indiens wiederzufinden.

Mit den Ediktsäulen entstanden die ersten schriftlichen Aufzeichnungen Indiens überhaupt. Ashoka baute außerdem Stupas, buddhistische Rundtempel aus Stein, die noch gut erhalten sind, z. B. Sanchi in Madhya Pradesh. Die Stupas sind die frühesten erhaltenen Architekturzeugnisse, da die vorher gebauten hinduistischen Tempel aus Holz waren und die Zeit nicht überdauerten.

Ashoka verbreitete den Buddhismus, indem er Missionare und Gesandte bis nach Vorderasien, Griechenland und Ägypten schickte. Die schönsten Zeugnisse der Beeinflussung indischer durch griechische Kunst sind die Buddhastatuen und Reliefs der Ghandara-Zeit (ca. 3. Jhd. v. Chr.) aus dem Gebiet Nordwestindiens. Sie entstanden als Folge des Feldzugs Alexanders des Großen (327–325 v. Chr.) bis ins Indusgebiet. Ebenso förderten Königsdynastien der darauf folgenden Blütezeiten Indiens, wie z. B. die Guptas (320–510 n. Chr.) und danach die Pala-Könige (750–1199), den Buddhismus. Die Königshäuser beschäftigten aber auch hinduistische und jainistische Ratgeber und Verwaltungsbeamte. Denn es war aus ihrer Sicht gerade die intellektuelle Auseinandersetzung zwischen den religiös-philosophischen Schulen, die Indiens spirituelle Überlegenheit in ganz Asien unter Beweis stellte. Im Gegensatz zu den im Nahen Osten gegründeten Weltreligionen haben sich die Religionen Indiens auf friedliche Weise ausgebreitet.

Der Buddhismus hat nie ganz Indien beherrscht, in seiner Hoch-Zeit war er etwa über zwei Drittel des Landes verbreitet. Ab dem 7. Jahrhundert n. Chr. verlor er jedoch allmählich an klarem Profil. Einerseits gab es Spaltungen und Differenzen unter den buddhistischen Mönchsgemeinden, andererseits die schon beschriebenen Vermischungen mit der tantrischen Richtung des Hinduismus sowie eine Vereinnahmung Buddhas als neunte Inkarnation Vishnus. Der entscheidende Schlag aber kam im 13. Jahrhundert im Zuge der Eroberung Nordindiens durch die Muslim-Armeen, der völligen Zerstörung fast aller buddhistischer Klöster und Bibliotheken sowie der Flucht der Mönche nach Tibet und Burma. Danach verlor der Buddhismus in Indien sehr stark an Bedeutung. Der Hinduismus dagegen überstand die Fremdherrschaft der Muslime, weil er mit einem weltlichen und häuslichen Lebensstil verbunden war.

Eine Hochburg des Buddhismus auf dem indischen Subkontinent sind die Länder der Himalaya-Region geblieben, vor allem Tibet – inklusive Ladakh und Zanskar –, Nepal, Sikkhim und Bhutan.

Zu Beginn des 20. Jahrhunderts kam es zu einer Renaissance des Buddhismus in Indien, als sich ihm enttäuschte intellektuelle Hindus zuwandten. Die Politiker Mahatma Gandhi, Jawaharlal Nehru und der Dichter und Nobelpreisträger Rabindranath Tagore bewunderten Buddha. Gandhi soll ihn den größten Inder aller Zeiten genannt haben.

Seit dem Jahr 1950 kamen Hunderttausende tibetische Flüchtlinge nach Indien, und gleichzeitig setzte eine weltweite Verbreitung des tibetischen Buddhismus ein, die – nicht zuletzt durch die enorme Popularität des XIV. Dalai Lama – auch den Buddhismus in Indien heute wiederbelebt hat.

Felslandschaft über der Hangru-Schlucht bei Lamayuru

Indische Feste, Feiertage und Gedenktage

Januar / Februar
Pongal: dreitägiges, farbenfrohes Erntedankfest; wird in den Staaten Tamil Nadu, Karnataka, Andhra Pradesh und Kerala gefeiert. Frauen zeichnen Symbole auf den Boden (*Kilars* oder *Kolam*) und bereiten aus Reis und Zuckerrohr eine heiße Süßspeise, das Pongal.
Vasant Panchami: Fest, das leuchtendes Gelb zum Merkmal hat und zu Ehren von Saraswati, der Göttin der Gelehrsamkeit und der Künste, hauptsächlich in Nordindien, gefeiert wird
Republic Day: landesweit mit Prozessionen und Militärparaden gefeierter Nationalfeiertag zur Gründung der Republik im Januar 1950

Februar / März
Losar/Monlam: das wichtige tibetisch-buddhistische Neujahrsfest
Maha Shiv Ratri: großes Fest zu Ehren des Gottes Shiva, gefeiert vor allem in Varanasi und den vielen Shiva-Tempeln landesweit
Holi: ausgelassenes Fest der Farben zum Frühjahrsanfang in Nordindien
Muharram: 10-tägiges islamisches Büßer- und Totengedenkfest der Shiiten, im Andenken an den Märtyrertod von Imam Hussain, Enkel des Propheten Mohammed

März / April
Baisakhi: Erntedankfest im Punjab und wichtigstes Fest der Sikhs
Kumbh Mela: das Fest der Nektarschale. Größtes Hindu-Fest, das alle drei Jahre in einem der vier heiligen Orte (Allahabad, Haridvar, Ujjain, Nasik) stattfindet, auf die, der Legende nach, einige Tropfen des heiligen Nektars Amrit aus der Nektarschale gefallen waren. In Allahabad findet es alle 12 Jahre statt und wird als *Maha Kumbh Mela* bezeichnet. Mit bis zu 60 Millionen Besuchern gilt es als das größte Fest der Welt.
Mahavir Jayanti: Geburtstagsfest für Mahavira, den Religionsgründer der Jains, das in allen Jain-Tempeln des Landes gefeiert wird
Gangaur Festival: Fest in Anbetung der Göttin Gauri (auch Durga, Parvati), besonders von Mädchen und Frauen in Rajasthan gefeiert, die sich einen guten Ehemann und eine glückliche Ehe erhoffen

April / Mai
Bakr-Id oder *Id-Ul-Zuha:* Nationalfeiertag und sehr populäres islamisches Fest zum Gedenken an das Opfer Abrahams
Id-Ul-Fitr oder *Ramzan Id:* Nationalfeiertag zum Ende des Ramadan-Monats
Buddha Jayanti, Buddha Day: Zu Vollmond feiert man Buddhas Geburtstag, den Tag seiner Erleuchtung sowie seinen Tod, in Verehrung des großen Lehrers.
Bisket Yatra: spektakuläres, mehrtägiges Wagenfest zu Neujahr in Nepal, das besonders in Bhaktapur im Kathmandu-Tal gefeiert wird

Juni / Juli
Rath Yatra: spektakuläres Tempelfest in Puri/Orissa zu Ehren von Jagannath (Herr des Universums), bei dem Pilger drei riesige festlich geschmückte Wagen ziehen
Hemis Setschu: Tscham-Mysterienspiele im Kloster Hemis, Ladakh, zu Ehren des großen buddhistischen Heiligen Padmasambhava

Juli / August
Armanath Yatra: populäres Pilgerfest zu einem jährlich wachsenden Eislingam in einer Höhle des Lidder-Valley in Kashmir

August / September
Ganesh Chaturthi: Fest zu Ehren des beliebten elefantenköpfigen Gottes Ganesh, ein Glücksbringer, dessen farbenfrohes Abbild in vielen Bundesstaaten ins Wasser getaucht wird

September / Oktober
Dussehra: Nationalfeiertag und bis zu 10 Tage andauernde landesweite Feierlichkeiten speziell zu Ehren der weiblichen Gottheiten, mit Theateraufführungen, Ritualen und Prozessionen
Gandhi Jayanti: Nationalfeiertag zu Mahatma Gandhis Geburtstag
Diwali: Nationalfeiertag, 3–5 Tage dauerndes ›Fest der Lichter‹, Neujahrsfest der Hindus mit viel Lichterschmuck, Feuerwerk, Geschenken und kulinarischen Köstlichkeiten

November / Dezember
Pushkar Mela: einerseits eines der größten Kamelfeste der Welt und bunter Jahrmarkt, andererseits Pilgerziel zur Verehrung des Schöpfergottes Brahma an einem kleinen See in Rajasthan
Weihnachten: Nationalfeiertag, wird besonders in den Bundesstaaten Goa, Kerala und Tamil Nadu gefeiert

Bibliographie

Marilia Albanese, *Indien. Zeugnisse großer Kulturen im Norden des Landes,* Karl Müller Verlag, 1999

Om Lata Bahadur, *The Book of Hindu Festivals and Ceremonies,* UBS Publishers and Distributers Ltd., New Delhi, 2002

Louis Fischer, *Das Leben des Mahatma Gandhi,* List Verlag, 1951

Heinrich Gerhard Franz, *Das alte Indien,* C. Bertelsmann, 1990

Swami Harshananda, *Hindu Festivals and Sacred Days,* Ramakrishna Math, Bangalore, India, 1994

Markus Hattstein, *Die Weltreligionen,* Könemann Verlagsgesellschaft, 1997

Gordon Johnson, *Indien. Bildatlas der Weltkulturen,* Bechtermünz Verlag, 1998

Anneliese und Peter Keilhauer, *Ladakh und Zanskar,* DuMont Kunst-Reiseführer, 1980

Hermann Kulke / Dietmar Rothermund, *Geschichte Indiens,* C. H. Beck, 1998

Lonely Planet Publications, *India,* 1999

Axel Michaels, *Der Hinduismus, Geschichte und Gegenwart,* C. H. Beck, 1998

Louise Nicholson, *India. A Guide for the Quality-Conscious Traveller,* The Atlantic Monthly Press, Boston / New York, 1985

Jean-Louise Nou / Gisela Bonn, *Indische Feste,* DuMont Buchverlag, 1982

Pratapaditya Pal, *The Peaceful Liberators. Jain Art from India,* Thames and Hudson, 1994

Dietmar Rothermund (Hrsg.), *Indien. Kultur, Geschichte, Politik, Wirtschaft, Umwelt,* C. H. Beck, 1995

Annemarie Schimmel, *Das islamische Jahr. Zeiten und Feste,* C. H. Beck, 2001

Annemarie Schimmel, *Im Reich der Großmoguln,* C. H. Beck, 2000

Hans Wolfgang Schumann, *Handbuch des Buddhismus,* Diederichs, 2000

Volker Sommer, *Feste – Mythen – Rituale,* Geobuch, 1992

Marla Stukenberg, *Die Sikhs,* C. H. Beck 1995

Shrikala Warrier / John G. Walshe, *Dates and Meanings of Religious and Multi-Ethnic Festivals,* Foulsham, 2001

Roy Willis (Hrsg.), *Mythen der Welt,* Orbis Verlag, 1998

Jenner Zimmermann, *Indische Heilige. Porträts,* List Verlag, 1986

Danksagung

Viele haben mitgeholfen, dieses Buch zu vollenden. Zuerst sei allen Menschen gedankt, die auf den Photos zu finden sind. Weiterhin möchte ich Sudhir Kakar für das Vorwort danken und Robert Huber für die Photographien auf den Seiten 101 und 102. Für das Mitwirken am Layout möchte ich mich bei Tine Breuer, Peter Feierabend, Hans-Wolfgang Leeb, Jürgen Rogner und Frank Behrendt bedanken; für die Durchsicht der Texte bedanke ich mich bei Michaela Angermair und Anja Schümann. Antoinette Schmelter de Escobar, Thomas Lüttge und Bernd Zimmermann danke ich für Anregungen bei der Einleitung. Für Projektförderungen bedanke ich mich bei Ilse Kutschera, Margarete Leeb und dem Kulturwerk der VG Bild-Kunst.

Bibliografische Information der Deutschen Nationalbibliothek
Die Deutsche Nationalbibliothek verzeichnet diese Publikation in der Deutschen Nationalbibliografie; detaillierte bibliografische Daten sind im Internet über *http://dnb.d-nb.de* abrufbar.

Sämtliche Bilder und Inhalte unterliegen ebenso wie das Layout dem Urheberrecht. Jedwede weitergehende Verwendung, insbesondere die Speicherung in Datenbanken, Veröffentlichung – auch in Online-Angeboten –, Vervielfältigung, Aufnahme in Datenträger und jede Form gewerblicher Nutzung sowie die Weitergabe an Dritte – auch in Teilen oder in überarbeiteter Form – ist ohne ausdrückliche Zustimmung untersagt.

Copyright © 2009 Gerstenberg Verlag, Hildesheim
Alle Rechte vorbehalten
Buchkonzept, Photographien und Texte: © Jenner Zimmermann
Vorwort: © Sudhir Kakar
Photographien auf S. 101 und 102: © Robert Huber, München
Gestaltung, Layout: Jenner Zimmermann, Peter Feierabend und Tine Breuer

Printed in Singapore

www.gerstenberg-verlag.de

ISBN 978-3-8369-2987-5